浙江省哲学社会科学规划课题一般项目"我国民办高校上市的政策、路径与风险研究"(19NDJC264YB)课题研究成果

民办高校
分类管理的制度与路径研究

周朝成◎著

RESEARCH ON THE SYSTEM AND
PATH OF CLASSIFIED MANAGEMENT IN
NON-GOVERNMENTAL COLLEGES
AND UNIVERSITIES

浙江大学出版社

·杭州·

图书在版编目(CIP)数据

民办高校分类管理的制度与路径研究 / 周朝成著.
杭州：浙江大学出版社，2024.11. -- ISBN 978-7-308-25407-6

Ⅰ. G648.7

中国国家版本馆 CIP 数据核字第 20249YV765 号

民办高校分类管理的制度与路径研究

周朝成　著

责任编辑	杨　茜
责任校对	许艺涛
封面设计	雷建军
出版发行	浙江大学出版社
	（杭州市天目山路 148 号　邮政编码 310007）
	（网址：http://www.zjupress.com）
排　　版	杭州星云光电图文制作有限公司
印　　刷	广东虎彩云印刷有限公司绍兴分公司
开　　本	710mm×1000mm　1/16
印　　张	14.5
字　　数	213 千
版 印 次	2024 年 11 月第 1 版　2024 年 11 月第 1 次印刷
书　　号	ISBN 978-7-308-25407-6
定　　价	68.00 元

版权所有　侵权必究　印装差错　负责调换

浙江大学出版社市场运营中心联系方式：0571-88925591;http://zjdxcbs.tmall.com

前　言

我国民办高等教育所取得的巨大成就,是我国经济体制改革在高等教育领域的实践成果。新中国成立以来,民办高等教育经历了从无到有、从小到大、从弱到强的发展过程,经历了从不被社会认同到逐渐被认可的过程,在一定时期内存在"合理回报"与"不得以营利为目的"之间的争议。从坚持"非营利性"办学到"非营利性"与"营利性"的分类管理,从限制资本市场介入到民办高校可以上市融资的改革,民办高等教育走过了一段不平凡的发展历程。

2016年11月,全国人大通过了修订后的《中华人民共和国民办教育促进法》(简称《民办教育促进法》),并于2017年9月1日实施。修法的核心要义是提出了分类管理,营利性民办高等学校具有合法性,进而关联到营利性民办高等学校的上市问题,在理论上引发了激烈的探讨,在实践中也出现了民办高校举办者观望、踌躇的现象,部分民办高校着手计划上市,并在2017年左右出现了上市热潮。我们认为,国家对《中华人民共和国教育法》(简称《教育法》)、《中华人民共和国高等教育法》(简称《高等教育法》)及《中华人民共和国民办教育促进法》等进行的修订,为分类管理提供了法律和制度空间。民办高校分类管理是我国社会主义市场经济体制发展到一定阶段的产物,营利性民办高校可以上市融资是市场逻辑和市场机制共同作用的结果。

基于此背景,2018年本人牵头申请了浙江省哲学社会科学规划课题"我国民办高校上市的政策、路径与风险研究"(19NDJC264YB),并开展了持续性的分析与研究。在这个过程中,我们深感研究问题的复杂性、艰巨性和敏感性,涉及上市的制度政策环境变迁,也涉及上市带来的风险及其防范、化解等问题。为了更加全面系统地理解民办高校上市融资行为,我们决定在涵盖本课题研究任务的基础上,拓宽研究范围,从分类管理的视角,系统地对民办高校分类管理的制度与路径进行探讨。正是在这个基础上,我们产生了撰写《民办高校分类管理的制度与路径研究》的想法,并在大家的共同努力下,顺利完成了本书的撰写和修改工作。

本书具有强烈的问题意识,切中了当前我国大力推进分类管理的主题。民办高校分类管理既是当前我国民办高等教育发展面临的新问题、热点问题,也是当前推进民办高等教育领域改革的大难题。通过研究民办高校分类管理的相关政策、两类民办高校不同的发展路径,厘清可能存在的风险并加以防范,对于解决现实问题、审慎有序地推进分类管理具有新意和现实意义。同时,本书具有鲜明的时代特征,尤其是针对营利性民办高校上市融资行为,我们对其进行了重点关注和探讨。我们认为,这是社会主义市场经济发展到一定阶段的产物,面向资本市场放开政策与制度,是新时期民办高校发展的一种改革尝试。本书的研究视点具有新颖性与前沿性,完善和丰富了我国民办高等教育分类发展的基础理论,探索了我国民办高校分类管理推进策略、多重风险及其防范化解对策,为政府引导民办高等教育健康持续发展提供参考建议,可供政府、民办高校等相关组织机构参考,具有较强的实践应用价值。

本书一共分为七章。第一章为引言,主要是讨论背景、提出问题,分析了当前的研究现状和民办高校分类管理的研究意义,由孟莹、任佳萍博士撰写;第二章为我国民办高等教育发展状况,从纵向历史的维度分析了我国民办高校的发展历程、当前基本状况和存在的问题及所面对的挑战,由杨雅欣老师撰写;第三章为我国民办高等教育分类管理的制度与实施,梳理并分析了我国民办高校分类管理的制度环境变迁,讨论了当前在推进分类管理过

前　言

程中的现实困境，由韩晓敏博士撰写；第四章为我国非营利性民办高等教育发展，主要探讨了非营利性民办高校的发展历程和公益性价值，提出要对非营利性民办高校进行风险识别与防控，由张筱菲博士撰写；第五章为我国营利性民办高等教育发展，主要介绍营利性民办高校的基本发展历程，深入分析了营利性民办高校上市的三条路径，并着重分析了协议控制模式，最后提出营利性民办高校上市融资的风险及防范，由苑健博士撰写；第六章为我国民办高校分类管理的推进举措，从政府职能转变、产权制度明晰、内部治理改革和风险防控化解四个维度探讨推进分类管理的策略和举措，由陶芳铭、顾秀林博士撰写；第七章为上海市民办高校分类管理典型案例，对上海市民办高等教育分类管理实施的政策和实践进行案例分析，由李敏博士撰写。全书由本人总体设计、统稿和审定，杨雅欣、李敏参与了全书的统稿和修改工作。

　　本书的撰写得到了团队的大力支持，感谢团队每一位成员的参与，他们牺牲了大量的休息时间，为本书付出了辛勤的汗水。在撰写过程中，我们参考了国内外专家、学者的大量研究成果和实践工作者的相关案例，在此对他们致以诚挚的谢意。

周朝成

2024 年 5 月 31 日

目 录

第一章 引 言 / 1

 第一节 研究背景 / 3
 第二节 研究意义 / 5
 第三节 研究现状 / 6
 第四节 核心概念与方法 / 20
 第五节 基本思路 / 23
 第六节 基本理论 / 25

第二章 我国民办高等教育发展状况 / 33

 第一节 我国民办高等教育发展历史沿革 / 35
 第二节 我国民办高等教育规模和结构 / 46
 第三节 我国民办高等教育办学类型与层次 / 50
 第四节 我国民办高等教育存在的问题与挑战 / 59

第三章 我国民办高等教育分类管理的制度与实施 / 69

 第一节 我国民办高等教育分类管理政策背景 / 71
 第二节 我国民办高等教育分类管理政策选择 / 77
 第三节 我国民办高等教育分类管理政策执行 / 84
 第四节 我国民办高等教育分类管理政策困境 / 93

第四章 我国非营利性民办高等教育发展 / 101

 第一节 我国非营利性民办高校发展基本状况 / 103

第二节　我国非营利性民办高校公益性的理性价值　/ 106

第三节　我国非营利性民办高校的风险识别　/ 118

第四节　我国非营利性民办高校的风险防控　/ 124

第五章　我国营利性民办高等教育发展　/ 131

第一节　我国营利性民办高校的基本情况　/ 133

第二节　我国营利性民办高校上市基本历程　/ 138

第三节　我国营利性民办高校上市的三大路径　/ 146

第四节　我国营利性民办高校上市的协议控制模式　/ 151

第五节　我国营利性民办高校上市融资风险及防范　/ 161

第六章　我国民办高校分类管理的推进举措　/ 167

第一节　转换职能，创新治理，完善分类政策　/ 169

第二节　明晰产权，优化配置，加大资金支持　/ 176

第三节　明晰定位，理顺体制，推进治理机制改革　/ 180

第四节　强化预警，规范引导，杜绝办学风险　/ 189

第七章　上海市民办高校分类管理典型案例　/ 193

第一节　上海市民办高校发展历程　/ 196

第二节　上海市实施分类管理的主要政策　/ 199

第三节　上海市非营利性和营利性民办高校管理措施　/ 201

第四节　上海市民办高校分类管理存在的问题　/ 204

第五节　上海市民办高等教育未来展望　/ 206

参考文献　/ 208

第一章 引 言

第一章 引 言

第一节 研究背景

新中国成立之后,政府采取了"积极维持,逐步改造,重点补助"的方针,于1950年8月颁布了《私立高等学校管理暂行办法》,拉开了我国高等教育社会主义改造的序幕。至1952年底,大量私立高等院校或转为公立,或停办、重组。党的十一届三中全会后,国家进入改革开放时期,开始鼓励社会力量参与举办大学,民办高等教育逐渐恢复发展,并在高等教育大众化进程中发挥了重要作用,迎来了新的发展契机,成为我国高等教育体系中不可或缺的重要组成部分。

我国民办高等教育经历了从无到有、从小到大、从弱到强的发展历程,在办学规模和办学条件上都取得了显著的提升。根据教育部公布的《2022年全国教育事业发展统计公报》,全国共有高等学校3013所,其中民办高校764所,占全国高校总数的25.36%;民办普通、职业本专科在校生924.89万人,比上年增加79.15万人,占全国普通、职业本专科在校生总数的25.27%。民办高等教育在促进我国高等教育普及、缓解升学竞争、满足社会多元化人才需求、推动市场经济繁荣及激发高等教育体系创新等方面发挥了重要作用,为国家的教育发展和社会进步做出了突出贡献。

虽然民办高等教育获得了长足的发展,但国家对民办高等教育的制度和政策规制相对薄弱,尤其是在营利性和非营利性的界定上,长期存在边界模糊的问题。从1987年的《关于社会力量办学的若干暂行规定》到2003年的《中华人民共和国民办教育促进法》,政策法律制度一直以非营利性为前提,要求民办学校不得以营利为目的。然而,现实中存在一些民办高校以投资办学为主的情况,带有明显的营利倾向。

经过40多年的恢复发展,民办高等教育发展面临转型,迫切需要探索适合我国的政策和制度框架,解决营利性与非营利性不分的问题。为此,国家积极调整相关政策,开展民办高等教育分类管理改革,尝试允许选择营利性高等教育发展路径。《国家中长期教育改革和发展规划纲要(2010—2020年)》提出了开展民办学校分类管理的新思路。2016年11月,随着《民办教育促进法》的通过,民办学校分类管理得到了法律层面的确认,国家开始对民办高校实施营利性与非营利性分类管理。同年12月,国务院、教育部等部委陆续出台了《关于鼓励社会力量兴办教育促进民办教育健康发展的若干意见》《民办学校分类登记实施细则》《营利性民办学校监督管理实施细则》等文件,中共中央办公厅也印发了《关于加强民办学校党的建设工作的意见(试行)》,我国民办高校分类管理的政策体系逐渐形成。随后,全国各地对民办高校分类管理开展了广泛讨论,民办高校可自主选择登记为营利性或非营利性民办学校(简称"营非选择")。

第二节 研究意义

分类管理是突破民办高等教育发展的制度和政策瓶颈的一个路径选择,也是新时期民办高校实现健康可持续发展的现实要求。本书深入探讨了我国民办高校的分类管理,对于提升理论研究的深度具有积极意义,对于完善民办高等教育发展政策、优化民办高等教育生态系统具有重要实践价值。

一、理论意义

第一,丰富我国民办高等教育发展理论研究。本书整体梳理了我国民办高等教育的发展状况,重点探讨了科学合理的分类管理体系,明确了不同类型民办高校的发展定位和路径,提出制定有效的政策措施来保障分类管理的顺利实施。这些研究不仅能够丰富中国特色民办教育的理论体系,同时也为民办高校分类改革和发展的实践探索提供了理论依据和指导。

第二,拓展我国营利性民办高等教育理论研究。本书通过深入分析民办高校分类管理中营利性民办高校的发展,尤其是关于营利性民办高校上市的研究,探讨了营利性民办高校在上市过程中所面临的问题和对策。本书也揭示了当前民办高校分类管理实践中存在的主要障碍和挑战,触及了问题背后的理论规律,并从多个角度对这些问题进行了系统分析。

二、实践意义

第一,指导民办高校合理定位,优化民办高等教育生态系统。本书有助于民办高校根据自身特点和政策导向,进一步明确学校在分类管理中的定位,帮助学校识别和应对分类管理发展过程中可能面临的风险,指导学校在资源配置上做出更合理的决策,从而促进整个民办高等教育生态系统的健康发展。

第二,推动民办高等教育良性发展,为相关部门提供决策参考。改革开放以来,我国民办高等教育发展迅猛,对相关管理制度和政策提出了新需求,分类管理是民办高等教育改革与发展的重要路径选择。本书为政策制定者提供关于民办高校分类管理现状、存在问题及未来趋势的深入分析,助推优化与完善现有的政策体系,设计民办高校分类管理的制度路径。

第三节　研究现状

在"中国知网"以"民办高校分类管理"为主题词进行文献检索时,可以发现相关的学术讨论最初出现在 2008 年。这一时期,我国实施《民办教育促进法》已经有五年,关于允许民办高校取得"合理回报"的讨论越来越受到关注。2010 年,《国家中长期教育改革和发展规划纲要(2010—2020 年)》颁布,提出了对民办高校进行分类管理的改革思路。2016 年前后,《民办教育促进法》完成了新一轮修订并获得通过,标志着我国开始对营利性和非营利性两类民办高校实施分类管理。这一政策调整极大地激发了学术界对民办高校分类管理问题的关注,相关主题研究迅速增加,达到了前所未有的热度。学者们从不同角度对民办高校的分类管理进行了深入探讨,为我国民办高等教育的发展提供了理论指导和政策建议。

一、民办高等教育分类管理依据的研究

(一)分类管理的标准

两分法在民办高校分类标准的讨论中占据着极为重要的地位。石邦宏

第一章 引 言

和王孙禹明确将民办高校划分为追求利润的营利性高校和不追求利润的非营利性高校两类。其中,营利性高校以投资办学为基础,注册为企业法人,能够获得利润并进行分配,同时依法纳税并承担相应的办学风险;非营利性高校则以捐赠资金的方式办学,作为公益性法人进行注册,其办学收益不得在举办者之间进行分配[1]。大卫·拉班德(David Laband)等学者同样将民办高校划分为营利性和非营利性两类,并从教育投资的角度对两类民办高校进行了区分。他们认为,营利性民办高校在教育投资方面投入较大,而非营利性民办高校在这一领域的投资则相对较少[2]。还有不少学者从其他角度理性探讨营利性高校和非营利性高校的分类标准,如汉斯曼(Hansmann)提出的"禁止分配限制"标准[3],理查德·鲁克(Richard Ruch)提出的"是否以营利性为首要目标""办学动机是追求剩余还是追求利润"标准[4]。

部分学者建议对民办高校采用三分法进行分类。方建锋提出,民办高校分类管理需兼顾我国实际和国际趋势,他主张将民办高校划分为营利性民办高校、不要求合理回报的非营利性民办高校及要求合理回报的非营利性民办高校[5]。金瑟(Kinser)等学者也提出了类似的三分法观点,认为可将高等教育系统划分为公立学校、非营利性私立学校和营利性私立学校三种。近年来,营利性私立学校在私立教育领域的发展势头迅猛。特别是在那些传统上以公立学校为主的国家,营利性私立学校作为一种新兴模式,为全球私立高等教育的扩张贡献了新的动力[6]。还有部分学者提出民办高校的四分法。徐绪卿基于合理回报和产权属性两个维度,将民办高校细分为四种

---

[1] 石邦宏,王孙禹.民办高校营利性与非营利性的制度思考[J].中国高教研究,2009(3):55-57.

[2] Laband D N, Lentz B F. Do costs differ between for-profit and not-for-profit producers of higher education[J]. Research in Higher Education,2004,45(4):429-434.

[3] Hansmann H. Reforming nonprofit corporation law[J]. University of Pennsylvania Law Review,1981,129(3):497.

[4] 鲁克.高等教育公司:营利性大学的崛起[M].于培文,译.北京:北京大学出版社,2006:14.

[5] 方建锋.民办学校营利性和非营利性分类管理的实证分析[J].教育发展研究,2011,33(24):19-22,35.

[6] Kinser K, Levy D C. For-Profit Higher Education: U. S. Tendencies, International Echoes [M]. Dordrecht: Springer,2007:107-119.

类型:一是纯粹的非营利性民办高校,其举办者完全以捐赠的方式出资办学;二是所有权要求下的非营利性民办高校,其办学结余不进行分配,但举办者保留对学校资产的所有权和控制权;三是要求获得合理回报的民办高校,举办者既要求保持对学校的所有权和控制权,也期望从办学结余中获得一定比例的回报;四是完全以营利为目的的民办培训机构①。

(二)分类管理的可能性

民办高校缺乏分类管理可能会引发负面后果。黎小明认为营利性和非营利性不分将导致国家税收政策的混乱、教育腐败行为的增加、民办学校之间不公平竞争的加剧,以及教育乃至整个社会的不公平现象的发生②。我国实施民办高校分类管理改革具备一定的基础条件。杨卫安反对将教育领域中营利性和公益性相对立,主张将营利性的教育提供与公益性的结果产生相分离,有助于平衡教育的商业价值和社会责任③。徐绪卿认为我国的民办学校与欧美国家间存在显著差异,我国大多是投资办学,它们在资金的筹集、管理和运用上展现出明显的产业性质①。阎凤桥和林静也认为我国民办高校展现出了商业性的特征,即举办者在提供教育服务时追求以最低的成本获得最大的收益。具体表现为:这些民办高校在治理上倾向于采用家族式的管理方式,以扩大学生规模作为发展的核心,同时在运营上主要依赖学费收入来维持学校的运作④。王义宁认为民办高等教育的发展受到多种因素的共同制约,如不平等的发展环境、政府支持力度不足及税制不统一等,推行分类管理改革是破解这些难题的突破口,且我国已经具备了实施营利性民办高校试点的社会基础⑤。何炜探究了理念、利益和制度三大核心要素

---

① 徐绪卿.关于民办高校分类管理的思考[J].教育发展研究,2011,31(12):1-5.
② 黎小明.挑战民办教育非营利性[D].上海:上海师范大学,2004.
③ 杨卫安.教育公益性的持守与营利性教育的界限[J].教育理论与实践,2008(1):20-23.
④ 阎凤桥,林静.商业性的市民社会:一种阐释中国民办高等教育特征的视角[J].教育研究,2012,33(4):57-63,91.
⑤ 王义宁.制约民办教育发展的主要问题及对策研究[J].教育导刊,2013(6):25-28.

相互作用的机理,展现了民办高等教育分类管理政策变迁的逻辑[1]。

(三)分类管理的价值

民办高校分类管理是市场经济深入发展的大势所趋。弗兰克·纽曼(Frank Newman)等学者认为,高等教育领域走向市场化是一个不可避免的趋势,营利性高等学校的出现不仅是高等教育创新的体现,更是高等教育市场化改革进程中的关键力量,有利于增强高等教育的活力和竞争力,促进教育资源的有效配置和教育质量的提高,为社会经济发展提供人才支撑[2]。希拉·斯劳特(Sheila Slaughter)等学者从学术资本主义与新经济的互动关系出发,强调市场与高等教育机构之间的联系在新经济时代变得日益紧密,认为营利性私立大学的出现是高等教育领域发展的必然趋势,这些营利性私立大学不仅是对传统非营利高等教育模式的补充,而且在满足社会对多样化、个性化教育需求方面发挥着重要作用[3]。沈剑光和钟海认为解决民办学校财产权归属不明确、非营利性法人与营利意图相冲突、扶持政策难以精准实施等难题都需要以分类管理为前提条件[4]。

民办高校实施分类管理具有多重价值。潘懋元等学者认为,民办高校的办学活动不同于商业投机,其社会效益具有外溢性,提供的教育服务有别于一般商品交易,适度追求利润不仅不会损害民办高校的公益性,反而有助于其更好地实现公益性办学目标[5]。蒋馨岚认为分类管理的目的在于优化民办高等教育的结构、功能和布局,以构建一个"类型多样、层次分明、分布

---

[1] 何炜.民办高等教育非营利性与营利性政策变迁的逻辑——理念、利益与制度的互动[J].教育科学探索,2023(4):58-64.

[2] Newman F, Couturier L & Scully J. The Future of Higher Education: Rhetoric, Reality, and the Risks of the Market[M]. San Francisco: Jossey-Bass, 2004.

[3] Slaughter S, Rhoades G. Academic Capitalism and the New Economy[M]. Baltimore: The John's Hopkins University Press, 2004.

[4] 沈剑光,钟海.民办学校法人财产权与民办教育分类管理[J].教育研究,2011,32(12):37-40.

[5] 潘懋元,别敦荣,石猛.论民办高校的公益性与营利性[J].教育研究,2013,34(3):25-34.

均衡"的高等教育体系[①]。周朝成认为实施分类管理是民办学校转型发展的重要机遇,各级政府应通过改革分类管理制度,采取差异化的扶持政策,重点加强民办学校的内涵建设和质量提升,以培育一批具有高水平和鲜明特色的民办学校[②]。

二、民办高等教育分类管理的内容研究

(一)分类登记

分类登记是民办高校分类管理改革的重要内容,部分学者研究了民办高校分类登记的必要性。张卫军指出民办教育所面临的发展难题主要缘于其法人属性,因此除了要确立清晰的民办学校分类标准外,还必须明确民办学校的法人属性,并相应地改革民办学校的登记管理制度[③]。李曼提出民办学校分类登记是分类管理的核心,但其存在组织主体、税费优惠、国有资产确权和程序衔接等不明确的问题,建议地方政府细化规定、审查流程、推进试点,并利用联席会议制度促进整合[④]。

部分学者梳理了国内外已有的分类登记实践。王帅等学者在对多地出台的分类登记实施办法进行分析后,认为部分地区已细化了民办学校分类审批和分类登记程序的规定,设置了较为合理的民办学校分类登记过渡期,但现有的分类登记标准和规程在总体上仍不够明确。董圣足在研究美国的相关实践后发现,美国民办高校享有税法支持,营利性高校需按公司形式在当地管理部门登记并管理,仅对理(董)事会而非所有公众负责,享有高度自

---

① 蒋馨岚.山东省高等学校分类管理政策研究的理论基础[J].济南大学学报(社会科学版),2013,23(1):20-23.
② 周朝成.促进民办教育的可持续发展——谈《民办教育促进法》修订中的分类管理问题[J].复旦教育论坛,2016,14(3):60-65.
③ 张卫军.民办教育分类管理的现实诉求与实现路径[J].中国成人教育,2017(6):37-40.
④ 李曼.制度设计与衔接:现有民办学校分类登记困境破解的关键[J].中国教育学刊,2019(7):8-13.

第一章 引 言

治权,具有独立的决策、执行和监督体系,联邦政府无干预权[1]。

(二)分类扶持

按照分类管理的思路,在政策制定时应当区分非营利性和营利性民办高校,避免它们无差别地享受政府的优惠和扶持政策。

在税收优惠方面,詹姆斯·杜德斯达(James Duderstadt)在其著作《21世纪的大学》中指出,全球众多国家的大学(包括公立和私立)都受到公共政策的影响,政府可以通过实施激励性的优惠政策,鼓励私立大学吸引私人捐赠,并享受税收减免等优惠政策[2]。李虔指出,我们要深化在新的政策框架下对非营利理念的认识,扫除非营利性民办学校在认证免税资格时可能面临的诸多政策障碍,为非营利性民办学校的发展创造更加公平、透明的政策环境[3]。胡卫等学者认为,可以考虑将非营利性民办学校的免税范围进一步扩大,根据学校的具体情况分层设定免税条件,严格执行现有的税收优惠政策,并针对营利性民办学校进行税收政策的系统设计[4]。

在财政支持方面,刘建银将公共财政对民办高校的支持划分为直接资助和间接补助两种,前者主要通过专项发展资金和政府购买服务补助资金等形式体现,后者主要通过用地优惠和金融政策等形式体现[5]。李虔指出,财政直接资助应当优先考虑非营利性民办高校,以此激励和推动真正的公益性教育事业;他同时强调即便在非营利性民办高校中,财政资金分配或学者服务采购也不应该采取平均主义的方式[6]。瑞吉娜·赫林格(Regina

---

[1] 董圣足.民办学校分类管理的制度构架:国际比较的视角[J].教育发展研究,2013,33(9):14-20.
[2] 杜德斯达.21世纪的大学[M].刘彤,译.北京:北京大学出版社,2005:38.
[3] 李虔.民办学校分类管理推进难点与破解路径[J].四川师范大学学报(社会科学版),2019,46(2):125-132.
[4] 胡卫,张歆,方建锋.营利非营利分类管理下民办学校税收问题与建议[J].复旦教育论坛,2020,18(4):79-84.
[5] 刘建银.公共财政支持民办学校的政策体系:基于分类管理视角的分析[J].教育科学,2011,27(6):1-7.
[6] 李虔.民办高校分类管理政策的可接受性研究[M].广州:广东高等教育出版社,2019.

Herzlinger)等学者认为,私立学校和公立学校在学费上的差异日益扩大,使公立学校在价格竞争上占据优势,这对私立高等教育机构的规模扩展和多样性发展构成了负面影响。解决这一问题的举措之一是提高对学生的资助或提升公立学校的学费标准[①]。周海涛和张墨涵指出,当前法律体系不完善,特别是对民办高校产权的界定模糊,削弱了社会资本投资教育领域的意愿和积极性[②]。

(三)办学自主权分类放开

《民办教育促进法》明确赋予民办学校办学的自主权,意味着作为独立社会组织的民办高校,拥有自主进行教育教学及其管理工作的权力。范绪锋指出落实办学自主权时遭遇阻滞是目前民办学校分类管理改革的六大难点之一,其中招生权、专业设置权、收费权和教师职称评定权是民办高校最为关注同时也是面临最多困扰的四个方面。[③] 桑亚尔(Sanyal)等学者对不同类型的教育机构(包括公立学校、混合所有制学校、私立非营利性学校和私立营利性学校)的使命、所有权和资金来源进行了深入分析,发现私立非营利性学校拥有较高的自主性,因此他们建议政府应对这类学校进行适度监管,但监管的严格程度应低于对公立或混合所有制学校的控制。同时,政府对于营利性私立学校的监管应当类比对商业机构的管理方式,实施最基本的质量监管,从而为这些学校提供更大的市场运作空间,以促进其在市场中的发展和竞争[④]。

有关收费权的探讨研究较多。周海涛认为,为了规范营利性民办高校的运作,应将其注册为企业法人实体,赋予学校自行设定学费标准的权力,

---

① Herzlinger R E, Jones F. Pricing public sector services: The tuition gap [J]. Policy Sciences, 1981,13(4):419-438.
② 周海涛,张墨涵.如何突破民办高校筹资的困境[J].国家教育行政学院学报,2015(2):3-8.
③ 范绪锋.民办学校分类管理改革难在哪[J].教育发展研究,2015,35(Z1):98-102.
④ Sanyal B C, Johnstone D B. International trends in the public and private financing of higher education [J]. Prospects, 2011,41(1):157-175.

但这些收费标准需要向当地价格监管部门报备,并在公开透明的原则下向社会公布后才能正式实施;而非营利性民办高校则应注册为民办非企业单位法人,其收费项目和标准应遵循政府的指导[①]。王文源从政府行为的角度,提出应取消非营利性民办高校办学自主权的前置条件,同时应取消对营利性民办高校的招生和收费等关键事务的行政许可要求和前置审批程序[②]。

(四)退出机制

退出机制是民办高校分类管理的重要问题。杨彬权和宋世娟指出,由于受到少子化、市场竞争加剧、经营成本上升和全球化等多重因素的冲击,一些民办高校经营困难,面临破产或退出的风险。民办高校的退出不仅影响举办者和投资者的利益,更关系到学生和教职工的权益,因而建立一套合理、高效的民办高校退出机制是非常必要的[③]。鞠光宇进一步指出,我国对营利性民办学校和非营利性民办学校的退出做出了不同规定,初步构建起了两类民办学校的退出制度,但退出后的学生权益保障等制度尚不完善,需要建立风险保证基金制度或者保险制度和校际学分互认制度,以更好地保护学生的受教育权和财产权[④]。

在财务清算方面,李曼指出必须明晰财务清算主体,对于注册为非营利性的民办学校,政府应负责组织财务清算工作,并承担相应的费用;而对于注册为营利性的民办学校,则应由学校在审批机关的指导下自行组织财务清算,并自行承担清算过程中产生的费用[⑤]。同时,陈放认为,为确保民办学校财务清算的公正性和透明度,必须制定明确的清产核资,包括对学校所拥有的房产和土地进行价值计算,以及对无形资产进行合理估值。在进行财

[①] 周海涛.民办学校分类管理改革如何推[J].教育发展研究,2015,35(Z1):108-112.
[②] 王文源.深水区教育改革背景下的民办教育顶层制度设计[J].北京师范大学学报(社会科学版),2014(4):5-10.
[③] 杨彬权,宋世娟.民办高校退出法律机制研究[J].黑龙江高教研究,2021,39(11):90-95.
[④] 鞠光宇.民办学校分类管理制度研究[J].中国人民大学教育学刊,2017(3):14-30.
[⑤] 李曼.制度设计与衔接:现有民办学校分类登记困境破解的关键[J].中国教育学刊,2019(7):8-13.

产评估时,应充分考虑学校的资产构成,并采取一种融合历史成本和当前市场价值的评估原则[①]。

三、民办高等教育分类管理的风险研究

(一)分类管理的风险识别

实施民办高校分类管理改革旨在优化教育结构和提升管理效率,但在此过程中伴随着一定的风险。不少学者对民办高校办学风险类型的划分进行了研究。史雯婷指出,民办高校在办学过程中面临的风险主要来源于内部管理与外部环境两大方面,具体表现为决策风险、管理风险及财务风险等,并进一步系统探讨了民办高校办学风险监管的特点、目标和框架[②]。肖俊茹等学者基于对32所民办高校办学风险案例的深入分析,将民办高校办学风险归纳为五个方面:地理位置不合理、未能抓住"上规模"的最佳时机、财务运行不善、领导层素质不足、内部管理亟待完善[③]。艾伦·赫伯特·威利特(Allan Herbert Willett)强调,由于风险的客观存在及其带来破坏的不确定性,民办高校的经费风险特别是办学资金来源单一和总量不足的问题,值得关注研究,防范措施应着重于建立多元且稳定的资金筹措渠道[④]。

部分学者的研究聚焦于民办高校分类管理的风险。赵应生等学者分析了实施民办学校分类管理可能面临两大风险:一是部分民办学校的投资者之间未能达成共识;二是制定和完善相关配套制度方面的准备尚显不足[⑤]。

[①] 陈放.新政背景下地方民办教育分类管理的困境与突围[J].教育评论,2019(2):55-59.
[②] 史雯婷.民办高校办学风险及其监管体系建构[J].教育发展研究,2008(24):44-48.
[③] 肖俊茹,王一涛,石猛.民办高校办学风险的根源探析及防范对策——基于32所民办高校办学风险的案例[J].中国成人教育,2017(15):52-57.
[④] Willett A H. The economic theory of risk and insurance[J]. Studies in Higher Education, 2019(3):4-7.
[⑤] 赵应生,钟秉林,洪煜.积极稳妥地推进民办教育分类管理——我国民办高等教育改革与发展探析(三)[J].中国高等教育,2011(10):20-23.

李虔和刘亮军将风险定义为可能发生且具有潜在负面影响的事件,并基于此认为分类管理作为民办高校的一项重要制度变革,存在改革声誉、政策效果及高校办学等多方面的不确定性因素,这些因素可能成为影响改革进程的风险点[1]。陈建超认为对民办高校实施分类管理仍面临一系列挑战,包括政策与法规不健全、民办高校社会认可度不高、民办高校办学自主权受限及监管体系不稳固等,为此需强化风险预防措施和监管服务,以促进问题的妥善解决[2]。

(二)分类管理的风险防控

深入探究民办高校的风险防控,尤其是不同主体在民办高校风险防控中发挥的作用,是防控民办高校办学风险的关键举措。李钊深入探讨了政府在民办高校办学风险防范中应承担的责任,指出无论是从理论角度还是从现有法律框架来看,政府都负有不可推卸的责任,其中最为关键的任务包括制定科学的规划、完善相关法规政策、提供充足的财政支持、强化运营监管及提供必要的运营服务[3]。任红将民办高校面临的办学风险归为信用风险、市场风险、经营风险和政策风险四类,并主要从学校和政府两个层面提出了相应的政策建议[4]。还有部分学者分析了不同理论视角下的民办高校风险防控,如李名梁基于全面风险管理理论[5]、Brewer等学者基于质量保障视角[6]、杨炜长基于利益相关者视角[7]、汪峻基于多种理论视角[8]等进行了

---

[1] 李虔,刘亮军.民办高校分类管理的风险识别与防范[J].浙江树人大学学报,2020,20(3):14-19,26.
[2] 陈建超.民办高校分类管理的风险防范与监管服务[J].教育评论,2021(8):74-78.
[3] 李钊.论民办高校办学风险防范中的政府责任[J].中南大学学报(社会科学版),2009,15(3):419-424.
[4] 任红.民办学校办学风险及其防范[J].辽宁教育研究,2008(2):88-90.
[5] 李名梁.全面风险管理:现代大学管理的必然取向[J].西南交通大学学报(社会科学版),2009,10(4):76-79.
[6] Ann B, Ian W. Risk management in a university environment[J]. Journal of Business Continuity & Emergency Planning,2011,5(2):161-172.
[7] 杨炜长.利益相关者视角下民办高校办学风险的防范[J].高等教育研究,2012,33(9):52-57.
[8] 汪峻.民办高校风险防范基础理论研究[J].职业教育(中旬刊),2016(1):3-5.

研究。

部分学者重点分析了民办高校分类管理的风险防控。费坚等学者提出,当前的民办教育风险治理存在碎片化分散和效率低下的问题,非营利性民办高等教育的风险管理需要复杂性范式下的各方协同合作来实现[①]。陈静和李璐认为我国的民办高校正处在从投资办学向捐资办学转型的关键期,非营利性民办高校在此过程中面临着政策、市场、管理和财务等多方面的风险,建议政府完善相关支持政策,提升学校办学自主权,完善内外部财务监管体系,通过供给侧结构性改革全面提升办学质量,并构建风险管理机制[②]。刘学民强调,分类管理政策为营利性民办高校带来了前所未有的管理决策风险、财务风险、教育质量风险、政策法规风险和市场风险等挑战,在借鉴国外民办高校风险管理经验和分析我国营利性民办高校发展实际的基础上,提出了"三维、六位、一体"的管理风险防控体系[③]。

四、民办高等教育分类管理的推进研究

(一)推进案例

当前,国内外已有丰富的民办高校分类管理推进案例。

在国内案例方面,宗艳霞和王世涛围绕民办高校的属性识别、税收优惠、财政支持及动态管理等方面,提出了优化民办高校分类管理的制度创新建议,他们还对陕西省政府发布的《关于进一步支持和规范民办高等教育发展的意见》进行了深入分析,指出了其中的不足之处,并提供了细化方案[④]。

---

① 费坚,李斯明,魏训鹏.基于复杂性范式的非营利性民办高校风险治理[J].教育发展研究,2018,38(23):23-28,37.
② 陈静,李璐.分类管理背景下非营利性民办高校的风险管理研究[J].教育探索,2022(8):45-48.
③ 刘学民.分类管理背景下我国营利性民办高校的风险防控研究[D].北京:中国社会科学院研究生院,2020.
④ 宗艳霞,王世涛.民办高校分类管理制度创新思考——兼论陕西省政府《关于进一步支持和规范民办高等教育发展的意见》的不足与完善[J].河北法学,2014,32(5):97-103.

第一章 引 言

黄洪兰和柳海民以吉林华侨外国语学院为例（该校自 2010 年起承担民办学校分类管理的国家教育体制改革试点项目），分析指出其较早地进行了新法规和新政策下的相关制度设计，并在实践中取得了显著的办学成果，为其他民办高校提供了可借鉴的经验[①]。杨莉深入分析了四川省民办高校在分类管理框架下所需扶持政策的构建问题，充分考虑四川省民办高校的实际情况，提出设定合理的过渡期、明确法人属性的区分、制定有针对性的差异化扶持政策、完善退出机制等举措[②]。余中根深入探讨了广东省民办高校分类管理的政策发展历程，分析了其在分类管理政策背景下所面临的挑战，并从政策组织、政策目标和政策工具三个方面提出了改进建议[③]。

在国外案例方面，学者们主要关注美国私立高校的分类管理研究。袁青山对美国营利性私立大学和非营利性私立大学的分类管理体制进行了深入探究，发现美国政府针对这两类大学在组织目标、办学理念及运作规则上实施了差异化的政策管理，且这种做法已经取得了积极的成效[④]。李虔认为税收政策是美国私立高校分类管理的有力杠杆，主要体现在几个方面："自动获取与自动排除"的高校组织分类税制，"义务均等与约束差异"的高校教职工分类税制，以及"合规院校优惠共享"的高校学生统一税制[⑤]。杨红霞以美国为例，研究了美国营利性高校的发展历史、营利性高校崛起的实践动因、营利性高校与非营利性高校的差异、政府和民间鉴定机构对营利性高校的监管等[⑥]。

---

① 黄洪兰,柳海民.探索营利性与非营利性民办高校分类管理——以吉林华桥外国语学院为例[J].高校教育管理,2018,12(4):81-87.
② 杨莉.浅议分类管理后四川省民办高校的扶持政策构建[J].四川行政学院学报,2018(1):41-45.
③ 余中根.广东省民办高校分类管理政策发展历程与优化策略[J].浙江树人大学学报,2023,23(3):19-27.
④ 袁青山.美国私立营利性和非营利性大学的分类管理和启示[J].现代教育科学,2011(9):137-141.
⑤ 李虔.税收政策与私立高校分类管理：美国经验及其启示[J].国家教育行政学院学报,2015(8):90-95.
⑥ 杨红霞.营利性高等学校研究[D].上海：华东师范大学,2006.

（二）推进策略

稳妥推进民办高校分类管理需采取合理的策略。胡卫和董圣足提出推动分类管理改革的过程中需考虑当前的实施状况和风险防范,建议在短期内不应急于大规模推广,而应在特定地区进行小规模试点,否则不仅可能导致民办教育宏观管理的混乱,还可能引发民办教育投资者和举办者的"政策性恐慌"[①]。巩丽霞强调分类管理制度的设计不应迫使社会资本在投资办学和捐资办学之间做出非此即彼的选择。她认为,简单地将营利性民办高校视为企业并按照企业管理的方式对其进行管理是不合理且不合法的。出资人对于非营利性民办高校的出资不应被视为捐资,不能期待出资人必须放弃其对学校资产的所有权或应享有的相关权益[②]。徐绪卿在借鉴相关理论成果和实践经验的基础上,提出推进民办高校分类管理改革要遵循稳步推进、尊重选择、既往不咎、鼓励公益、坚持改革、和谐发展等原则[③]。周海涛认为新形势下推进民办学校分类管理改革可在六个方面着力:完善制度环境、实行分类分配、强化分类支持、推进简政放权、保障师生权益和兜住监管底线[④]。阎凤桥提出,随着社会现代化的加速和文明程度的提升,民办高等教育的道德水平将逐步朝着克制"利己"和提高"利他"的方向前进[⑤]。

理查德·鲁克通过对比分析的方法,全面考察了分类管理对营利性高校与非营利性高校在管理方法、效率和创新能力方面的影响。他发现分类管理显著推动了民办高校尤其是营利性高校的发展,民办营利性高校不仅为非营利性高校树立了优秀的榜样,也激发了非营利性高校进一步发展的

[①] 胡卫,董圣足.立足国情正视问题积极稳妥推进民办学校分类管理试点[J].教育发展研究,2011,31(Z2):3.
[②] 巩丽霞.关于民办高校分类管理制度设计的几点思考[J].中国高教研究,2011(9):53-56.
[③] 徐绪卿.关于民办高校分类管理的思考[J].教育发展研究,2011,31(12):1-5.
[④] 周海涛.民办学校分类管理改革如何推[J].教育发展研究,2015,35(Z1):108-112.
[⑤] 阎凤桥.民办高等教育的"利己"与"利他"[J].浙江树人大学学报,2021,21(3):8-10.

动力①。然而,也有一些研究显示,营利性和非营利性私立学校在效能上的差异并不像预期的那样大。例如,普勒斯顿(Preston)在比较这两类学校的效能、质量和社会效益时发现,它们的社会功能相似,且提供相同服务的成本也相近。在不受联邦法规限制的领域,非营利性机构的社会效益更佳;而在受联邦法规限制的领域,非营利性机构提供的服务质量更高②。

五、已有研究述评

已有研究在民办高校分类管理方面取得了一定的阶段性成果,对民办高校分类管理的依据、内容、风险和推进策略都有了一定的理解和实践,但仍有以下几个方面亟待深化。

一是缺乏系统化和完善化的理论分析框架,这在一定程度上限制了对分类管理实践的深入理解和有效指导。在风险评估及防范对策方面,研究还相对不足,多数研究仅停留在对现象的描述和对政策法规文本的分析,缺乏深入探讨和系统性研究。为进一步提升民办高校分类管理的科学性和有效性,需要开展更多有针对性的研究。

二是大部分研究者倾向于从单一的角度展开研究,要么侧重于规范研究,要么侧重于实证研究,而缺乏将两者有效结合的综合性研究。在宏观层面,研究多集中在政策规范和理论框架的构建上;而在微观层面,实证研究相对较少,这限制了对民办高校分类管理实践细节的深入理解和分析。此外,跨学科研究能为民办高校分类管理提供更全面的视角和更多样的解决方案,但目前多学科交叉的研究还不够,尚有很大的拓展空间。

三是研究在前瞻性和创新性方面尚存在提升空间。尽管已有研究对政策的制定和理论探讨做出了一定贡献,但对于民办高校分类管理政策颁布后如

---

① 鲁克.高等教育公司:营利性大学的崛起[M].于培文,译.北京:北京大学出版社,2006:84.

② Preston A E. Efficiency, quality, and social externalities in the provision of day care: Comparisons of nonprofit and for-profit firms[J]. Journal of Productivity Analysis,1993,4(1):165-182.

何平稳推进的具体方式及这些方式的可行性分析等方面的研究还不够深入。此外,目前对于民办高校分类管理改革的风险评估还不够系统化和标准化,营利性民办高校上市后的风险管理也存在研究不足的现象。这些都限制了民办高校对改革过程中可能出现的各种风险进行准确识别、评估和应对的能力。

第四节 核心概念与方法

一、核心概念

(一)民办高等教育

民办高等教育是与公立高等教育或公办高等教育相对的概念,在国外,民办高等教育一般被称为私立高等教育,其实施机构为私立高等学校;在中国,则被称为民办高等教育,其实施机构为民办高等学校[①]。1993年《民办高等学校设置暂行规定》的发布,承认了民办高等教育是我国高等教育事业的组成部分。2002年《民办教育促进法》通过,2004年《中华人民共和国民办教育促进法实施条例》(简称《民办教育促进法实施条例》)通过,我国民办高等教育发展进入法治化阶段。根据《民办教育促进法》规定,"国家机构以外的社会组织或者个人,利用非国家财政性经费,面向社会举办学校及其他教育机构的活动,适用本法"。根据这个界定,民办高等教育的概念应包括:一是举办方是国家机构之外的社会组织、机构或公民个人;二是有非国家财政经费用于办学经费,如来自社会组织或个人的自筹资金等;三是教育服务对象是面向社会的。民办高等学校主要有五类:实施普通高等教育的高等

---

① 民办高等教育.中国大百科全书[EB/OL].(2022-01-20)[2024-05-30].https://www.zgbk.com/ecph/words? SiteID=1&ID=219952.

第一章 引 言

学校、实施高等职业技术教育的高等学校、实施高等教育自学考试助学的高等学校、实施高等职业资格考试助学的高等学校、实施与境外高等教育合作办学的高等学校。此外,独立学院是民办高等教育的一种特殊形式,属于公办高等学校的无形资产与民办高等学校的有形资产相结合的产物。

本书将民办高校界定为:国家机构以外的社会组织或公民个人,利用非国家财政性经费,面向社会举办的具有学历教育招生和颁发毕业证书资格的大学、学院和其他高等教育机构。其既包括完全自筹资金、自主经营与管理的民办高等教育机构,也包括由国家财政部分拨款的事业单位或国有控股企业参与举办的民办高等教育机构。

(二)民办高等教育分类管理

我国民办高校的分类管理始于2010年《国家中长期教育改革和发展规划纲要(2010—2020年)》中明确提出的"积极探索营利性和非营利性民办学校分类管理"。2016年,全国人大通过了修订后的《中华人民共和国民办教育促进法》,民办高校分类管理正式实施,明确了对营利性和非营利性民办学校实行分类管理,要求民办高校做出"营非选择",并印发《民办学校分类登记实施细则》。2017年1月,国务院发布《关于鼓励社会力量兴办教育促进民办教育健康发展的若干意见》,指出对民办学校(含其他民办教育机构)实行非营利性和营利性分类管理。非营利性民办学校举办者不取得办学收益,办学结余全部用于办学。营利性民办学校举办者可以取得办学收益,办学结余依据国家有关规定进行分配。民办学校依法享有法人财产权。举办者自主选择举办非营利性民办学校或者营利性民办学校,依法依规办理登记。对现有民办学校按照举办者自愿的原则,通过政策引导,实现分类管理。

基于此,本书将"民办高等教育分类管理"界定为:对国家机构以外的社会组织或公民个人利用非国家财政性经费,面向社会举办的大学、学院及其他高等教育机构,进行营利性和非营利性的划分,并予以区别化政策管理。

二、研究方法

（一）文献法

文献法是指通过搜集、阅读、整理有关文献材料，并通过对文献的分析，全面、科学地研究某一问题的方法。文献法是依据现有的理论、事实和问题，对有关文献进行分析整理或重新归类研究的构思。本书搜集并查阅了大量有关民办教育的政策文本、研究报告和学术论文等，尤其是有关分类管理政策和实施现状的一手资料，同时搜集了关于民办教育发展的统计资料，进行了文献整理和分析，以厘清民办高等教育分类管理政策制度的演进历程，分析我国民办高等教育分类管理的现实路径。

（二）比较研究法

比较研究法是对物与物之间、人与人之间的相似性或相异程度进行研究与判断的方法，指的是基于一定的标准，分析比较研究对象的共性，同时对比两者的个性，以寻求普遍规律和特殊规律的研究方法。本书在我国不同类型民办高校之间进行比较，分析民办高等教育政策背景下营利性高校与非营利性高校的基本特点、发展规律和总体趋势，实现对我国民办高等教育分类管理的审视与反思。

（三）案例分析方法

案例分析方法亦称为个案分析方法或典型分析方法，是对有代表性的事物（现象）深入地进行周密而仔细的研究从而获得总体认识的一种科学分析方法。案例分析方法通过对个案进行全面、深入的研究，以整体把握教育政策的实施过程及发展趋势，体现教育政策在教育发展中的作用。本书将选取上海市实施民办高校分类管理的具体举措和现状进行案例分析，并总结经验、探寻启示。

第一章 引　言

第五节　基本思路

本书共分为七章,主要包括以下内容。

第一章为引言。该部分根据时代发展的背景、民办高等教育的发展情况、分类管理政策的发展趋势,提出具体研究问题,分析研究我国民办高等教育分类管理制度与路径的意义。在文献综述的基础上,厘清民办高等教育、分类管理等核心概念,阐述本书主要采用的研究方法、技术路线和所依据的基本理论。

第二章为我国民办高等教育发展状况。该部分对民办高等教育的发展状况进行了梳理。首先,按时间的先后顺序,分我国近代和新中国成立后两个时间段阐述了我国民办高等教育发展的历史沿革;其次,根据多方教育统计数据分析我国民办高等教育的规模、在校生数和分布情况,并基于此总结出我国民办高等教育的办学特点;最后,提出我国民办高等教育存在的问题和挑战,着重论述了强国视野下我国民办高等教育高质量发展的机遇和挑战,以及当前我国民办高校分类管理推进所面临的挑战。

第三章为我国民办高等教育分类管理的制度与实施。该部分主要介绍了民办高等教育分类管理政策的出台背景,从原初定位、外部推力和顶层设计三个维度予以阐释,并具体分析了民办高等教育分类管理政策的制度选择,然后基于目前该政策的执行现状提出了分类管理政策面临的四重困境。

第四章为我国非营利性民办高等教育发展。该部分主要探讨了非营利性民办高校的发展历程、基本情况和公益性价值,包括公益性的内涵、现状问题、保障措施和理论探讨。同时,强调了在分类管理视域下,对我国非营利性民办高校进行风险识别与防控的重要性,旨在促进非营利性民办高校健康发展,更好地实现其公益性和社会价值。

第五章为我国营利性民办高等教育发展。该部分主要介绍了当前营利性民办高校的基本发展情况,分析整理了营利性民办高校上市的三条路径,着重研究了采用较多的协议控制模式,提出了营利性民办高校上市融资的风险及防范。

第六章为我国民办高校分类管理的推进措施。该部分主要介绍了政府角色转变、资金支持、内部治理和规范引导四个方面的内容。为进一步推动分类管理政策实施,必须转变政府角色和职责,推动民办高校内部治理改革,加大民办高等教育资金支持,优化资源配置,加强民办高校的风险识别与防范。

第七章为上海市民办高校分类管理典型案例。该部分主要介绍了上海市民办高等教育分类管理实施政策的实践案例,总结了一些经验和启示,对上海市民办高等教育分类管理的制度和路径提出展望和发展建议。

本书的研究路线见图1.1。

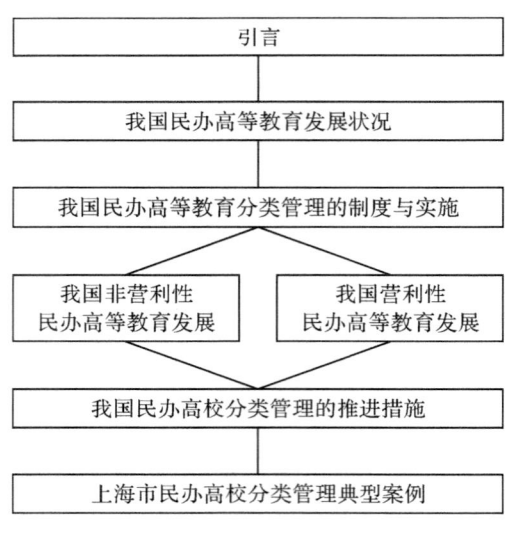

图1.1　本书的研究路线

第一章 引　言

第六节　基本理论

一、公共产品理论

根据公共经济学理论,社会产品分为公共产品和私人物品。公共产品主要是指为满足经济发展和社会公众消费需求而提供的各类物品、劳动力或其他服务。经济学家萨缪尔森将公共产品与私人物品相比,指出公共产品具有消费的非排他性(non-exclusive)、非竞争性(non-rival)和效用的不可分割性(non-divisibility)三大特征[①]。所谓非排他性,即物品一旦被提供出来,就不可能排除任何人对它的不付代价的消费。所谓非竞争性,即一旦公共产品被提供,增加一个人的消费不会减少其他任何消费者的受益,也不会增加社会成本,其新增消费者使用该产品的边际成本为零。所谓效用的不可分割性,即公共产品是向整个社会提供的,具有共同受益或联合消费的特点。其效用为整个社会的成员共享,不能将其分割为若干部分,分别归属于某些个人或厂商享用,或者不能按照谁付款、谁受益的原则,限定为之付款的个人或厂商享用。

根据公共产品公共性的不同,可将公共产品分为纯公共产品和准公共产品。通常把消费过程中具有非竞争性和非排他性、作为整个社会共同消费的产品称为纯公共产品;而把具有有限的非竞争性或有限的非排他性、介于纯公共产品和私人产品之间的产品称为准公共产品[②]。

实现公共产品的有效供给,需要政府、企业和社会各界的共同努力,需

[①] Samuelson P A. The pure theory of public expenditure[J]. The Review of Economics and Statistics,1954,36(4):387-389.

[②] 唐朱昌.新编公共财政学[M].上海:复旦大学出版社,2004:73-87.

要加强政府监管,确保公共产品的供给符合社会需求。同时也要发挥市场机制的作用,鼓励企业创新供给。公共产品的供给方式主要有以下几种。

(1)政府供给。政府作为公共政策制定的主体,应在政策制定时广纳民意,更好地保障人民的权益。政府供给公共产品的优势在于其强制性和稳定性。政府可以通过税收、财政支出等手段来提供公共产品,确保公共产品的供应稳定且可持续。

(2)企业供给。企业可以通过市场机制,自愿为公共产品进行捐赠或投资。例如,一些公司可能会为公共事业捐赠资金,或者为社区提供免费的公共服务。企业供给公共产品的优势在于其灵活性和高效率,但同时也需要注意企业的营利性质,避免过度追求商业利益而损害公共利益。

(3)政企联合供给。政府和企业可以合作,通过公共私营合作制(public-private partnership,PPP)方式共同提供公共产品。这种方式可以发挥政府和企业的优势,实现资源共享、风险共担、利益共享,提高公共产品供给的效率和质量。

(4)社会组织供给。非营利组织、志愿者组织等社会组织也可以提供公共产品。这些组织具有灵活性、创新性和草根性等优势,可以提供政府和企业无法覆盖的公共产品需求。

(5)鼓励创新供给。政府还可以通过政策引导、财政支持等方式,鼓励创新供给。例如,一些地方推出了公共服务创新奖,鼓励企业和社会组织为公共产品提供创新解决方案。

根据民办高等教育的概念界定,民办高等教育是面向社会提供教育服务或教育产品,在公共产品理论框架下,其属于准公共产品,具备有限的非排他性、非竞争性等公共属性。根据《民办教育促进法》,民办教育事业属于公益性事业。民办高校无论是选择营利性还是非营利性办学,都必须坚持教育的公益性质,以育人为宗旨,始终把社会效益放在第一位,为经济社会发展提供高等教育服务并培养中国特色社会主义接班人。民办高等教育作为我国社会主义教育事业的一部分,其提供的教育产品和服务也应体现出公共性和公益性,不会因为分类管理政策的实施而改变其作为准公共产品的公共属性。相比于我国公办高校,民办高校在组织形式上虽有不同,但其提供的高等教育产品和服务则是相对一致的。民办高等教育的发展,在一定程度上缓解了高等教育资源供给和需求平衡间的矛盾。民办高等教育为满足人民对教育产品的需求而恢复发展,经历了教育政策发展的认可、规范和差异化扶持阶段,充实了我国的高等教育资源供给,扩大了我国高等教育产品的选择空间。

伴随着我国高等教育进入大众化阶段,不能仅仅依靠政府财政投入来促进高等教育的发展,而需引入市场机制。根据高等教育提供的不同服务类型,对民办高等教育进行分类管理,明晰民办高校的定位,有助于促进民办高等教育的可持续发展。非营利性民办高校与公办高校类似,具备更多的公共产品性质;营利性民办高校的发展则具备更多的私人产品性质,可以丰富高等教育市场的选择,缓解政府财政资源紧张的局面。

二、利益相关者理论

利益相关者理论(stakeholder theory)的萌芽可追溯到 20 世纪 50 年代末伊迪丝·彭罗斯(Edith Penrose)提出的"企业是物力资本和人力资本的集合体"这一企业概念[①]。后来西方经济学家针对 20 世纪中期传统企业治理过程中出现的"股东利益至上"问题而建立并发展出利益相关者理论。该理论认为,一家企业能否长远发展,不仅与股东的利益息息相关,还与企业发展所涉及的员工、政府、消费者等多个利益相关者有着直接或间接的联系。如果想要实现利益最大化,那么就要尽力争取各利益相关者的支持。

---

① Joshi D, Patel V G. A conceptual model for governance of private universities as social enterprises[J]. International Journal of Management,2016,7(7):98-113.

一般认为,弗里曼(Freeman)的著作《战略管理:利益相关者方法》是利益相关者理论研究中最具代表性的成果。根据他的观点,利益相关者应是那些能够影响组织目标兑现的所有个人和群体,同时,还应该包括在组织目标兑现的过程中,受到这一过程影响的所有个人和群体[1]。利益相关者理论在经过"利益相关者影响""利益相关者参与""利益相关者共同治理"三个阶段的发展和完善后,被广泛应用于各研究领域[2]。

对利益相关者的分类能够帮助梳理与组织相关的利益相关者并厘清其中的关系。弗里曼依据所有权、经济依赖关系、社会利益关系三个维度,把利益相关者划分为投资者、员工和消费者、政府和其他特殊利益群体三个类别[3]。弗雷德里克(Frederick)依据利益相关者联系企业的密切程度,把其分为直接利益相关者和间接利益相关者两类。其中,直接利益相关者主要指股东、职工和购买企业产品的消费者;间接利益相关者是指政府、社会团体以及其他相关利益团体等企业外部利益相关者[4]。利益相关者是由不同利益维度的利益诉求者组成的一个异质性集合体。不同利益相关者在组织治理中的重要性和利益诉求是不同的,也因此决定了他们在组织治理中所具有的权力和角色定位。把利益相关者划分为不同类型进行观察,有助于加深对不同类型的利益相关者与组织存在的独立性和依赖性关系的认识,确定组织应该关注的利益相关者,并实现对其的动态调整和有效管理。

民办高校属于利益相关者组织。研究民办高校与利益相关者之间的关系,首先应把民办高校的众多利益相关者进行梳理和分类,对他们的权利和利益诉求进行分析,平衡各方利益相关者,以实现合作共治。已有文献对高

---

[1] 弗里曼.战略管理:利益相关者方法[M].王彦华,梁豪,译.上海:上海译文出版社,2006:10-20.

[2] 李和平,郭婧.争议与化解:利益相关者视野中的民办高校上市融资之路[J].教育理论与实践,2022,42(30):3-8.

[3] Freeman R E. Stakeholder management: Framework and philosophy[M]//R. Edward Freeman's Selected Works on Stakeholder Theory and Business Ethics. Switzerland: Springer Cham, 2023:61-88.

[4] Frederick W C. The moral authority of transnational corporate codes[J]. Journal of Business Ethics,1991,10(3):165-177.

校中的利益相关者的类型进行了探讨。例如,胡赤弟把高校利益相关者划分为行政管理人员、教授、出资人、学生和政府五个维度[①]。金银凤和裴育把高校利益相关者分为教师、学生、家长、高等学校、教务管理部门、教学管理部门、教育主管部门和用人单位[②]。杨炜长从办学风险的角度,把高校利益相关者分为举办者、管理者、教师、学生和家长、政府和社会公众[③]。侯红梅等学者从期权激励的角度,把高校利益相关者分为举办者、校领导、教职工和学生,并把前三者界定为民办高校的关键利益相关者[④]。

综上所述,基于民办高校的利益相关者的角色、利益诉求和与学校关系的紧密度,可将民办高校的利益相关者分为内部利益相关者和外部利益相关者(见表1.1)。内部利益相关者包括举办者、最高决策者、学校管理者、直接参与者四大类型。第一,举办者作为办学出资人,是学校的核心利益相关者。第二,民办高校的最高决策者即理(董)事会,是学校的关键利益相关者。第三,学校管理者是以校长为核心的管理团队,是理(董)事会决策的重要执行者,也是日常教育教学和行政事务管理中的协调者和控制者,是学校的重要利益相关者。第四,直接参与者主要包括教职工和学生,是学校的直接利益相关者。教职工是履行教育和科研职能的直接参与者,学生是学校的核心服务对象,他们对学校的认同感和归属感是推动学校发展的动力。外部利益相关者分为直接利益相关者和间接利益相关者,包括政府、债权人、社会公众等。在本书中,直接外部利益相关者主要指的是政府,政府通过制定政策,积极鼓励、支持、引导、规范民办高等教育的发展,为其营造良好的外部支撑环境;间接外部利益相关者主要指的是社会公众,其对民办高

[①] 胡赤弟.高等教育中的利益相关者分析[J].教育研究,2005(3):38-46.
[②] 金银凤,裴育.高等教育考试改革中的利益相关者分析[J].山西财经大学学报(高等教育版),2005(3):49-54.
[③] 杨炜长.利益相关者视角下民办高校办学风险的防范[J].高等教育研究,2012,33(9):52-57.
[④] 侯红梅,李晋,蔡华建.我国民办高校教师期权激励机制设计——基于利益相关者视域[J].江苏高教,2020(2):85-90.

等教育发展的认识、认可度等影响民办高校的生存和长远发展。

表 1.1　民办高校的利益相关者

内部利益相关者	外部利益相关者	
	直接相关	间接相关
举办者(核心利益相关者)	政府	社会公众
以理(董)事会为代表的最高决策者(关键利益相关者)		
以校长团队为代表的学校管理者(重要利益相关者)		
以教职工和学生为代表的直接参与者(直接利益相关者)		

在民办高等教育分类管理中，尤其是在对营利性民办高校的管理和运行中，利益相关者理论具有重要的指导意义。第一，通过关注不同利益相关者的利益诉求，避免营利性民办高校管理过于集权，也避免陷入将利润效益最大化视为学校发展唯一目标的片面认识。第二，以利益相关者理论为指导，可以提升营利性民办高校各利益主体参与学校治理的主动性和积极性，合理进行资源配置，促进民办高校健康发展，在实现教育效益的同时也实现经济效益和社会效益。

三、新公共管理理论

新公共管理(new public management)理论强调市场化和企业化的管理方式，认为政府管理应该以客户为导向和以结果为导向。新公共管理理论将政府看作一个服务机构，政策制定者应该尽力满足公众的需求，同时在政策制定过程中注重效率和成本效益。这种管理方式的目标是通过专业知识、创新思维和管理技能来提高效率和效能。

美国学者戴维·奥斯本(David Osborne)提出了改革政府的十项原则：(1)掌舵而非划桨；(2)重妥善授权而非事必躬亲；(3)引入竞争机制；(4)注重目标使命而非繁文缛节；(5)重产出而非投入；(6)具备"顾客意识"；(7)有

第一章 引 言

收益而不浪费;(8)重预防而非治疗;(9)重参与协作的分权模式而非层级节制的集权模式;(10)重市场机制的调节而非仅靠行政指令的控制[①]。从这些原则来看,新公共管理理论下的政府管理开始借鉴企业管理的理念和方法,开始建立企业家型政府,政府被类比为企业运营的经理,而人民群众则是企业产品与服务面向的顾客,将采用管理企业的模式来管理政府。

新公共管理理论作为新的政府管理模式,其公共管理的实践将由传统的政府部门向私立部门转移,在政府的公共管理理念和模式中引用市场的思维模式和具体方法,其关注的中心顾客即社会大众,注重政府公共管理的效率和效益。第一,注重政府的政策职能与管理职能的分离,政府的角色应是"掌舵"而不是"划桨",更多地聚焦于政策的制定,而不是具体事务的执行。第二,提出具有经济学特征的"理性经济人"假设,经济决策者应是理智思考、权衡利弊的人,并且善于判断和计算,不会受到主观意愿或感情的影响。在经济活动中,主体所追求的唯一目标是自身经济利益的最大化[②]。因此政府应以市场或顾客为导向,提高服务效率和质量。第三,政府应广泛采用授权或分权的方式进行管理。第四,政府应提高公共服务的质量和效率,如引入竞争机制、以结果和产出来衡量公共服务的效果。

民办高校尤其是营利性民办高校,在办学模式上与公办高校差异非常大,在一定程度上更体现出产品化和市场化特征。运用新公共管理理论,可以从新视角对我国民办高等教育管理所面临的现实问题做出分析、寻求解决方案。

第一,新公共管理理论的"理性经济人"假设,符合我国民办高等教育发展的现实。与公办高校相比,民办高校在办学经费的筹集、学校运营的盈亏、学生客户的选择支持上具备更高的自主性和独立性,也决定了民办高等

[①] 奥斯本,盖布勒.改革政府:企业家精神如何改革政府公共部门[M].周敦仁,译.上海:上海译文出版社,2006:201.

[②] 黄丽."理性经济人"假设:演进与批判[J].佛山科学技术学院学报(社会科学版),2008(2):46-50.

教育的市场化特征。鉴于民办高校在办学过程中需担负更高的风险,其利益相关者更应是追求利益最大化的"理性经济人"。

第二,新公共管理理论提出的主体排他性特征,也与我国民办高等教育的性质有所契合。就民办高校办学资金来源而言,既可以由政府提供,也可以由社会提供。作为准公共产品的民办高等教育的非排他性特征有限,在一定条件下具备排他性特征。新公共管理理论以市场和顾客为中心,在一定程度上可以指导和解释民办高校在发展过程中的资金来源问题和利益相关者问题。

第三,新公共管理理论的核心思想符合民办高校内涵式发展目标。民办高校发展所追求的目标不应是简单的扩招和营利,其内涵式发展既包括解决生存问题,又包括实现高等教育的健康、可持续发展。新公共管理理论的核心思想是通过在公共服务中引入绩效机制、竞争机制等,以提高政府服务的质量和效率。这与我国民办高等教育改革的方向相同,与民办高校内涵式发展所追求的目标一致。

第二章　我国民办高等教育发展状况

第二章 我国民办高等教育发展状况

经过40多年的探索前行,我国民办高等教育已经具有较大的规模和一定的办学实力,走出了一条具有中国特色的民办高等教育办学之路。本章将全面介绍我国民办高等教育的发展状况,阐述民办高等教育发展的历史沿革、教育规模和结构、办学类型与层次、存在的问题与挑战。

第一节 我国民办高等教育发展历史沿革

研究当下我国民办高等教育的发展,需要从回顾我国民办高等教育发展起步乃至私立高等教育的发展史开始。现代意义上的"高等教育"概念出现很晚,但不同历史时期均存在最高层次的教育形式。中国古代、近代的"高等教育"也很发达,不乏"辟雍""泮宫""稷下学宫""书院""学堂"等教育机构,呈现百家争鸣的繁荣的学术景象。虽然这些教育机构与现代大学在教授内容、办学形式、治理模式上相去甚远,但这也说明不同时期均存在适应当时政治、经济、社会发展需要的高等教育机构。厘清我国民办高等教育发展历史,不仅能明晰不同时代高等教育产生的原因、发展状况及其如何延续,也能从中对现代我国民办高等教育的发展进行展望。

一、我国近代民办高等教育办学历史回顾

从严格意义上讲,我国近代高等教育是19世纪90年代后期在民族存亡之际产生的。第二次鸦片战争以后,中国进一步沦为半殖民地半封建社会,闭关自守的政策受到冲击并逐步改变。部分知识分子和有识之士从国家振兴的探索中认识到教育、科技、人才的重要性,中国要摆脱当时衰败动荡的局面,就需要建立属于自己的大学,培养自己的人才。

(一)中体西用的洋务学堂:近代私立大学萌芽

清末甲午战争后,面对内忧外患的严峻挑战,中国社会认识到必须进行改革以求生存。在教育领域,高等教育的改革显得尤为迫切,废除科举制度、推广现代学校教育成为改革的重点。中国近代意义上的高等教育始于洋务运动期间成立的各种新式学堂,随后在晚清、民国初期及南京国民政府时期,经过不断的探索与发展,逐渐成长并壮大。

当西方列强的坚船利炮打开中国闭关锁国的大门时,清朝统治者从"天朝大国"的幻境中惊醒,兴起了一场"师夷长技以自强"的洋务运动[1]。在此运动背景下,中国近代高等教育应运而生,伴随着洋务学堂的建立而开启。洋务派秉持"中体西用"这一主旨兴办了大批的同文馆、外国语学堂、军事学堂和专业技术学堂,如京师同文馆(1861)、上海广方言馆(1863)、广州同文馆(1864)、福建船政学堂(1866)、天津水师学堂(1880)、天津电报学堂(1880)等。此后的30年间,清政府先后创办了23所洋务学堂。在这个阶段,洋务学堂虽然标志着中国近代教育和高等教育的起点,但这些学堂仅仅是近代新式教育的初步尝试,并未完全达到现代大学的水平,可以被看作中国近代高等专业教育机构的原型。

与此同时,外国教会也开始在国内开办教会大学。1879年,美国圣公会

---

[1] 付燕鸿.中国近代高等教育发展的历程及启示[J].考试与招生,2010(3):57-59.

上海主教施约瑟将原来的两所圣公会学校培雅书院和度恩书院合并成圣约翰书院,引进了西方现代大学的办学模式,是我国近代最早的教会大学,也是最早的近代意义上的大学。但这是一所由外国人在中国开办的近代大学,而不是由国人自己创办的大学。1905年,圣约翰书院在美国华盛顿注册,并正式升格为圣约翰大学,此后发展成为拥有文、理、工、农、医五院十六系的著名教会大学,并于1947年向国民政府注册。1952年,全国高校院系调整时圣约翰大学并入在沪其他高校。

(二)清末民初的新式学堂:近代私立大学兴起

第一所新式高等学堂是1895年天津海关道盛宣怀奏请设立的北洋西学学堂,包括头等学堂和二等学堂,其中头等学堂为大学本科,二等学堂为大学预科。北洋西学学堂后更名为北洋大学堂,是现天津大学的前身。北洋大学堂以"科教救国,实业兴邦"为宗旨,以美国哈佛大学、耶鲁大学为蓝本,以培养高级人才为办学目标,进行专业设置、课程安排和学制规划。它的创办标志着第一所由国人举办的近代大学的诞生,结束了中国长达1000多年的封建教育历史。

1896年,盛宣怀管辖下的轮船招商局和上海电报局以商户捐款和每年规银10万两创办了南洋公学(现西安交通大学和上海交通大学的前身),被认为是中国近代第一所私立大学[1]。此后一批具有变法维新和救亡图存思想的爱国人士、受教会熏陶的知识分子、留学归国的学生及受西方文化影响的新派知识分子,为了拯救当时内忧外患的中国,开始积极筹资创办新式学校,促成了中国最早的一批现代私立大学的诞生。例如,1902年,著名爱国教育家马相伯捐出全部家产土地3000亩(1亩≈666.67平方米)、现洋4万元,创办了复旦公学的前身震旦学院[2]。1905年,资产阶级革命派姚宏业、

---

[1] 徐绪卿.民办院校办学体制与发展政策研究[M].北京:中国社会科学出版社,2018:230.
[2] 复旦大学校史编写组.复旦大学志[M].上海:复旦大学出版社,1985:35-36.

孙镜清等人四方奔走,募集资金,在上海创办了中国公学①。另外,还有一些教会创办了数十所教会性质的高等教育机构,但他们的办学目的是宣传教义,培养教会代言人。例如,1888年,美国长老会创办格致书院,美国基督教创办汇文书院;1908年,美国美以美会创办华南女子文理学院;1913年,美国浸礼会创办金陵女子学院等。

(三)五四之后的现代大学:近代私立大学发展

我国现代大学是在向日本学习的过程中创建起来的。日本通过向西方学习,明治维新改革取得了巨大成功,而当时中国也屡次改革,却没有使国家走向富强,反而遭到了强列的瓜分,由此中国开始了声势浩大的留日、学日活动,《日本教育史》《学校制度》《日本明治学制沿革史》《日本学制大纲》等关于日本教育理论的译本涌现。1904年,清政府制定实施了《癸卯学制》,该学制分为三段七级,分别为初等教育阶段(蒙养院、初等小学堂和高等小学堂)、中等教育阶段(中学堂)、高等教育阶段(高等学堂或大学预科、分科大学、通儒院)。新学制基本搬照当时的日本学制,区别主要在学科名称上,尽管在指导思想上依旧秉持"中学为体,西学为用",但整个教育体系已经彻底摆脱了封建旧制度的框架,这标志着中国近代意义上的高等教育制度初步形成。

中华民国政府成立后,积极鼓励私立大学的发展,教育部专门颁布了《私立大学规程》文件,外国教会抓住机遇创办了众多教会大学。例如,基督教于1911年在南京创办私立金陵大学;天主教于1914年在北京设立"辅仁社",1922年发展成为私立辅仁大学;美国长老会于1917年在济南创办私立齐鲁大学;美国及英国基督教会于1919年在北京组建私立燕京大学等。尽管教会大学的办学目的是宣传宗教教义、培养神职人员,是对我国进行文化侵略和控制,但在当时的历史条件下,教会大学的体制、组织机构、课程设

---

① 徐绪卿.世界私立大学办学体制及其演变:经验与启示[J].浙江树人大学学报,2017,17(1):1-8.

第二章 我国民办高等教育发展状况

置、规章制度等诸多方面,都是直接引进西方近代大学模式,一定程度上推动了中国高等教育近代化进程,在高等教育发展史上也产生了颇为深刻的影响。

教会大学的创办也推动了国人举办私立大学的热情。1919 年,近代著名教育家严修和张伯苓在天津创办了南开大学。1921 年,著名爱国华侨陈嘉庚认捐开办费 100 万元,经常费 300 万元,分 12 年支付,创办了厦门大学[①]。张謇于 1920 年创办了南通大学,欧元怀于 1924 年在上海创办了大夏大学。这些大学都是我国历史上较为著名的私立大学。

20 世纪 20 年代前后,中国大学掀起了一股向美国学习的热潮。1872 年至 1881 年间派出的首批留美幼童归国,他们传播了美国许多先进的理念和文化;日本对中国的持续侵略行为,尤其是"二十一条"的强加,加剧了中日之间的紧张关系,导致留日学生人数下降;美国归还部分庚子赔款的举措,激发了新一轮赴美留学的热潮。正是在这样的背景下,中国教育开始转向学习美国,大量的美国教育著作被翻译成中文,派遣教育考察团远赴美国,同时也邀请美国著名教育家来华考察、讲学。1922 年的《壬戌学制》(又称"六三三学制")在这样的背景下诞生了。1924 年,北洋政府教育部颁布了《国立大学校条例》,规定大学采用选科制,实行教授治校,培养社会需要、重个性发展的资产阶级新人[②]。

从清末到中华民国年间,中国近代私立大学始终在我国高等教育体系中占据一席之位。据统计,1931 年全国共有专科以上学校 105 所,其中私立高校 47 所,占高校总数的 45%,而私立学校的学生人数则占高校学生总数的 49%。截至 1947 年,全国共有专科以上学校 207 所,其中私立学校 79 所,占高校总数的 38%。可以说,经过民国时期的发展,中国已经出现了一些办学出色、独具特色的私立大学,这些大学已经成为中国高等教育体系的关键组成部分。私立大学在数量和学科设置上补充了公立大学的不足,为

[①] 徐绪卿.民办院校办学体制与发展政策研究[M].北京:中国社会科学出版社,2018:234.
[②] 付燕鸿.中国近代高等教育发展的历程及启示[J].考试与招生,2010(3):57-59.

社会培养了大量人才；同时，私立大学与公立大学相互学习，共同推动了高等教育领域的竞争性发展，并促进了中国近代高等教育多元化格局的形成。

二、新中国成立后我国民办高等教育的发展历程

新中国成立后，我国民办高等教育历经了改造沉寂、恢复重建、规范发展及高质量发展的多个阶段，这条发展之路充满了艰辛与挑战。

(一)民办高等教育的改造沉寂期(1949—1978年)

1949年新中国成立时，全国共有私立高等学校69所，当时对这些学校采取"积极维持、逐步改造、重点补助"的方针，使多数民办高校得以正常运转[①]。新中国成立后，政府开始逐步对私立高校进行接管和改造。1950年，全国共有高校227所，其中私立高校65所，占高校总数的29%[②]。在校生来看，全国专科以上高校在校生62935人，私立高校为23770人，占在校生总数的1/3以上[③]。1950年8月，国务院通过《私立高校管理暂行办法》，规定全国私立高等学校，无论过去已经立案与否，均须重新申请立案；私立高等学校的行政权、财政权及财产所有权均应由中国人掌握；私立学校不得以宗教课目为必修课或强迫学生参加宗教仪式活动[④]。这些政策的实施，表明国家对私立大学的领导逐渐强化。1951年，国家接管所有教会大学。1952年底，全国高校院系调整，私立大学全部被裁撤并入其他公立高校，这意味着民办高等教育在这一阶段基本上从我国高等教育体制中消失了。直到党的十一届三中全会召开，改革开放拉开了序幕，民办高等教育才逐渐重新获得了发展的机会。

---

① 董婷.我国民办高等教育发展历程回顾及发展趋势展望[J].宿州教育学院学报，2013，16(6)：82-83，89.
② 瞿延东.我国民办教育的发展与管理[M].北京：中国财政经济出版社，2002：374-375.
③ 中华人民共和国各大城市公私立学校学生人数统计表[J].人民教育，1950(2)：18.
④ 广东省人民政府网.中央人民政府教育部颁布《私立高等学校管理暂行办法》[EB/OL].(1950-12-31)[2024-03-18].https://www.gd.gov.cn/zwgk/gongbao/1950/4/content_post_3352070.html.

第二章　我国民办高等教育发展状况

（二）民办高等教育的恢复重建期（1978—1997 年）

我国民办高等教育的重新兴起与发展，具有我国社会发展的时代特征[①]。一方面，改革开放和社会主义现代化建设对知识和人才的需求，为民办高等教育的恢复和发展带来契机；另一方面，在 1952 年院系调整全部改为公立高校后，20 多年里高校的办学经费全部由国家承担，这大大加重了国家的财政负担，并且政府举办的公立高校远远不能满足人们对上大学的渴望，因此民办高等教育的重新兴起势在必行。随后一些知识分子充满办学热情，从举办培训班、辅导班、补习班等起步开始办学，如 1977 年率先成立的北京自修大学、1978 年湖南长沙中山业余大学创办的文化补习班、1982 年成立的以自学考试助学为主的中华社会大学。这些早期设立的民办高校办学层次普遍不高，主要是为恢复高考制度后的高考落榜生提供补习班和为满足社会实际需求开办一些技能学习班。

随着民办高等教育的不断发展，政府开始出台相关政策进行规范和引导。1982 年 12 月 4 日，第五届全国人民代表大会第五次会议通过的《中华人民共和国宪法》第十九条规定："国家鼓励集体经济组织、国家企事业组织和其他社会力量依照法律规定举办各种教育事业。"这是首次在宪法中肯定和鼓励了社会力量办学。1985 年 5 月颁布的《中共中央关于教育体制改革的决定》指出，"地方要鼓励和指导国营企业、社会团体和个人办学""鼓励各民主党派、人民团体、社会组织、离退休干部和知识分子、集体经济单位和个人，遵照党和政府的方针政策，采取各种形式和方法，积极地自愿地为发展教育事业贡献力量"。1987 年，国家教育委员会颁布的《关于社会力量办学的若干暂行规定》明确指出，"社会力量办学是我国教育事业的组成部分，是国家办学的补充"，正式确认民办教育的"补充地位"。在《关于社会力量办学的若干暂行规定》基础上还制定了民办高等教育各项具体的政策文件，如

---

① 罗腊梅.民办高等教育政策变迁研究[D].重庆:西南大学,2015.

《社会力量办学财务管理暂行条例》《社会力量办学教学管理暂行规定》等。在这些政策的推动下，各地陆续开始筹建民办普通高等学校，获批的学校有浙江树人学院、西安培华女子学院、凉山大学、福建华南女子职业学院、邕江大学等。这些学校大多数由省政协或民主党派牵头举办，学校在创立之初都得到了政府的支持，因此公办色彩较浓。例如，西安培华女子学院是1984年由省政协任命核心团队负责学校的筹建工作；凉山大学是由民盟中央和中国民主同盟四川省委员会负责人费孝通、楚图南、钱伟长等众多知名人士发起筹建；浙江树人学院是由浙江省政协王家扬、周春晖、王承旭、倪保珊等领导倡议成立筹建小组，开启了办学之路。

1992年，在邓小平南方谈话的精神鼓舞下，民办高等教育也步入了快速发展期。1992年10月召开了中国共产党第十四次全国代表大会，大会报告指出，"鼓励多渠道、多形式社会集资办学和民间办学，改变国家包办教育的做法"。1993年2月中共中央、国务院颁布的《中国教育改革和发展纲要》指出"改革办学体制。改变政府包揽办学的格局，逐步建立以政府办学为主体、社会各界共同办学的体制"，特别指出"高等教育要逐步形成以中央、省（自治区、直辖市）两级政府办学为主、社会各界参与办学的新格局"，并进一步强调"国家对社会团体和公民个人依法办学，采取积极鼓励、大力支持、正确引导、加强管理的方针"。

特别是在1993年8月17日，原国家教委出台了《民办高等学校设置暂行规定》，结束了民办高校无章可循的办学状态。文件指出，"民办高等学校是我国高等教育事业的组成部分""鼓励设置专科层次民办学校"，并明确了民办高等学校的界定、设置标准、申报材料、审批流程和相关管理等。1993年出台的这两项政策有力地推动了民办高等教育的新一轮发展，因此在1994年和1995年间，原国家教委首次受理和审批了黄河科技学院、上海杉达学院、四川天一学院、浙江树人学院、黑龙江东方学院、三江学院等6所民办高校具有独立颁发大专文凭的资格。这也标志着实施学历教育的民办高校开始恢复发展,但发展非常缓慢,截至 1997 年,仅有 20 所民办高校可以开展学历教育[①]。

(三)民办高等教育的规范发展期(1997—2011 年)

1997 年,国务院颁布《社会力量办学条例》,这是新中国针对民办教育的首个行政法规,它标志着我国民办教育步入了依照法律进行办学、管理的新阶段。1998 年 8 月,《高等教育法》颁布,其中第六条规定"国家鼓励企业事业组织、社会团体及其他社会组织和公民等社会力量依法举办高等学校,参与和支持高等教育事业的发展和改革"。这标志着国家政策对民办高等教育的态度从限制转向鼓励和支持。1999 年,第三次全国教育工作会议召开,同时印发了《中共中央 国务院关于深化教育改革,全面推进素质教育的决定》,明确提出"进一步解放思想、转变观念,积极鼓励和支持社会力量以多种形式办学,满足人民群众日益增长的教育需求,形成政府为主体、公办学校与民办学校共同发展的格局。凡符合国家法律法规的办学形式,均可大胆试验,经国家教育行政主管部门批准,可以举办民办普通高等学校"[②]。1999 年,我国实施高校扩招政策,民办高等教育迎来了发展高峰期。

2002 年 12 月,《民办教育促进法》颁布,不仅确立了民办高等教育的合法性,而且体现了国家政策在积极推动民办高等教育依法管理和办学方面的转变。该法律文件对民办高等教育的地位、民办高等教育机构的设立和管理、政府的职责及民办高校举办者能否获得合理回报等方面,都进行了明确的法律规定。2004 年 2 月,国务院出台了《民办教育促进法实施细则》,从具体实施操作层面进一步细化了有关规定。2007 年,《民办高等学校办学管理若干规定》强调和重申了民办高校应当"坚持社会主义办学方向和教育公

---

① 毕宪顺,张峰,陈甜甜.改革开放以来我国民办高等教育的发展历程、经验及其趋势[J].山东高等教育,2023,11(5):7-14.

② 中国教育学会.中共中央 国务院关于深化教育改革,全面推进素质教育的决定[EB/OL].(2018-09-08)[2024-03-16].https://www.cse.edu.cn/index/detail.html?category=129&id=2281.

益性原则,保证教育质量",并在此基础上对民办高等学校的办学管理进行了详细规定。2008 年,教育部又颁布《独立学院设置与管理办法》,指出独立学院是民办高等教育的重要组成部分,重新定义了独立学院,并从设立程序与标准、组织与活动、管理与监督、变更与终止等方面对独立学院予以全面的管理规定。2010 年 7 月,中共中央、国务院颁布了《国家中长期教育改革和发展规划纲要(2010—2020 年)》,明确提出民办教育是教育事业发展的重要增长点和促进教育改革的重要力量,要求各级政府要把发展民办教育作为重要工作职责,鼓励出资办学,促进社会力量以独立举办、共同举办等多种形式兴办教育,也在加强政府治理责任、完善法人治理结构、依法建立民办学校财务、会计和资产管理制度等方面明确了具体要求。总体而言,一个旨在确保民办高等教育健康和可持续发展的政策体系已经基本建立,为民办高等教育发展提供了坚实的基础。

经过这几个阶段的发展,我国的民办高等教育逐渐发展壮大起来,截至 2011 年底全国有民办高校 698 所(含独立学院 309 所),招生 153.73 万人,在校生 505.07 万人,其中本科在校生 311.82 万人,专科在校生 193.25 万人[1]。特别要指出的是,这一时期民办高等教育的规范快速发展,很大部分得益于独立学院的兴起。独立学院是以公办高校良好的社会声誉和优秀师资力量为基础,社会资本参与共同办学,增加了高等教育入学机会。至 2004 年,独立学院已经有 295 所,在校生 107.46 万人,其中本科生 90.09 万人。无论是学校数量、在校生数量、本科生数量,独立学院都超过了经过 20 多年发展才形成的"正宗"民办普通高校。

(四)民办高等教育的高质量发展期(2012 年至今)

在我国高等教育向普及化阶段迈进的过程中,民办高等教育在过去的

---

[1] 中华人民共和国教育部.2011 年教育统计数据[EB/OL].(2013-05-29)[2024-04-12]. http://www.moe.gov.cn/jyb_sjzl/moe_560/s7382/.

10多年里取得了显著发展,包括制度、质量和体制等方面都开始面对新时代的挑战。我国民办高等教育已经进入一个以规模稳健增长、政策体系不断完善、办学行为日益规范化、教育质量逐步提高为特征的新阶段。尽管民办高校的数量和在校生人数仍在增加,但增速已不及以往。具体来看,民办高校的数量从2012年起的10年间,从707所增至764所,增幅为8%;本专科在校生数由533.18万人增至924.89万人,增长了73%。

这一阶段,国家在政策的制定和实施方面,对民办高等教育机构采取了分类管理。2016年,第十二届全国人大常委会审议通过了修订后的《民办教育促进法》,开始实行非营利性和营利性民办学校分类管理。同年12月30日,教育部等五部委联合下发了《民办学校分类登记实施细则》《营利性民办学校监督管理实施细则》,目的是对这两类学校分类登记、分类监管。这些法律和政策的制定,体现了新时代党和国家对民办教育发展的重视,对于明确民办高校法人地位、确保学校资产的稳定、维护师生合法权益方面起到了关键作用,并为民办高等教育机构在争取平等办学地位和政府支持方面提供了坚实的法律和政策基础。

一方面基于分类管理的基础,国家对非营利性民办高校的运营进行了更为严格的监管。为了避免民办教育走向过度资本化,并确保教育的正确政治导向,2021年5月,国务院对《民办教育促进法实施条例》进行了修订。这一修订旨在强化党建工作、完善学校决策机制、加强对举办者和利益相关者的法律监督,从而对非营利性民办高校的办学行为施加更严格的规范。此外,修订案依旧取消了非营利性教育举办者的"合理回报"条款,并对学校的经营行为进行了严格的限定,以防止假借非营利之名行营利之实,同时明确禁止了追求利润的资本的介入。未来,保证非营利性民办高校的公益性和教育属性将是关键的指导原则。

另一方面,政府也积极推动独立学院的转设工作。独立学院作为一种兼具补充性、试验性和双重属性的办学模式,在迅速发展的同时,也面临着诸多争议，尤其是非公非民、亦公亦民的模糊身份，不仅阻碍了民办教育分类管理政策的实施，也影响了公平竞争环境的形成。2017年和2018年，教育部在《关于"十三五"时期高等学校设置工作的意见》和《关于做好2018年度高等学校设置工作的通知》文件中两次提出独立学院转设的建议，强调"能转快转、能转尽转"。然而，由于涉及多方利益相关者，包括公办学校、社会出资者、教职工、学生及家长，转设过程复杂且充满挑战，导致转设工作进展缓慢。在2010年至2020年间，仅有77所独立学院完成了转设工作。2020年5月，教育部办公厅专门印发《关于推进独立学院转设工作的实施方案》，将独立学院转设作为高校设置工作的重中之重，从而推动独立学院转设工作进入高潮。此后，截至2021年6月，共有92所独立学院完成了转设工作，这一数字超过了过去10年的总和。

此外，民办高等教育在办学层次上取得了重大进展。截至2022年，民办高校研究生招生数为1694人，在校生数为3878人。尽管获得研究生培养资格的民办高校的招生和在校生人数仍然有限，但这些成就无疑具有重要的象征意义。

第二节 我国民办高等教育规模和结构

在经历了40多年的艰难探索，得益于国家积极实施高等教育发展政策和大扩招的机遇，我国民办高校总体规模快速发展壮大，在全国各地分布广泛，各类型层次的学生人数在全国普通高校学生人数中均占据了一定的比例，极大地推进了我国高等教育普及化的进程。

一、民办高校数量和规模

从民办高校总体规模来看，截至2022年，我国有民办高等学校764所，占全国普通高等学校总数2760所的27.68%[①]。自1991年的6所增长至2022年的764所,我国民办高校在31年的时间里增长了126倍,平均每年增加近24所。

自1999年实施大规模扩招政策起,民办高等教育也步入了快速发展的轨道。特别是在《民办教育促进法》开始实施后的几年,我国民办高等教育的规模出现了快速扩张的阶段,2002年时仅有民办高校133所,10年之后便增长到698所,10年增长率高达424.81%。随后虽然规模数量也在增加,但增长速度逐渐变缓,第二个10年间学校规模增长率为8.06%。2020年,教育部发布《加快推进独立学院转设工作的实施方案》,要求独立学院或转为独立设置的民办普通本科高校,或转为独立设置的公办普通本科高校,或终止办学。这项规定在一定程度上导致2021年民办高校的数量有所减少。由表2.1和表2.2可知,在过去的20年里,尽管我国民办高等教育的总体规模不断增长,但总体而言,我国民办高校在全国普通高校中所占的比例大致保持在28%左右,相当于占国家高等教育总体规模的近1/3。

表2.1　2002—2011年我国民办普通高校、全国普通高校数

年份/年	2002	2003	2004	2005	2006	2007	2008	2009	2010	2011
民办普通高校数/所	133	175	228	547	596	615	640	658	676	698
全国普通高校数/所	1396	1552	1731	1792	1867	1908	2263	2305	2358	2409
占比/%	9.38	11.15	13.17	30.52	31.92	32.23	28.28	28.55	28.67	28.97

数据来源:由中华人民共和国教育部网站的统计数据整理而成。

表2.2　2012—2021年我国民办普通高校、全国普通高校数

年份/年	2012	2013	2014	2015	2016	2017	2018	2019	2020	2021
民办普通高校数/所	707	718	728	734	741	746	749	756	771	764
全国普通高校数/所	2442	2491	2529	2560	2596	2631	2663	2688	2738	2756
占比/%	28.95	28.82	28.79	28.67	28.54	28.35	28.13	28.13	28.16	27.72

数据来源:由中华人民共和国教育部网站的统计数据整理而成。

[①] 中华人民共和国教育部.2022年教育统计数据[EB/OL].(2023-12-29)[2024-04-12].http://www.moe.gov.cn/jyb_sjzl/moe_560/2022.

与此同时,其他民办高等教育机构数和在校生呈现逐步减少的趋势,许多原来办学条件较好的"专修学院""进修学院"都先后加入民办普通院校的行列。由于高等教育逐步进入大众化甚至是普及化阶段,高考录取率逐年提高,上大学的机会大幅增加,其他形式的民办高等教育机构数量相对减少。2003年民办的其他高等教育机构有1104所,2020年民办的其他高等教育机构有788所,减少了316所,将近1/3。

二、民办高校的在校生数

数据显示,民办高校在校生数从2002年的31.98万人激增至2022年的924.89万人,20年间增长了27.92倍,年均增加44.65万人。表2.3反映出民办高校在校生数在全国普通高校在校生总数中的比重逐年上升,从2013年的22.59%增至2022年的25.27%,这意味着平均每4名学生中就有一名就读于民办高校。这些统计清楚地反映了21世纪以来我国民办高等教育的迅猛发展。民办高等教育在我国高等教育大众化、普及化的进程中做出了重要的贡献,并已成为我国高等教育体系的重要组成部分。

表2.3 2013—2022年我国民办普通高校、全国普通高校(本专科)在校生数

年份/年	2013	2014	2015	2016	2017	2018	2019	2020	2021	2022
民办/万人	557.52	587.15	610.90	616.20	628.46	649.60	708.83	791.34	845.73	924.89
全国/万人	2468.07	2547.70	2625.30	2695.84	2753.59	2831.03	3031.53	3031.53	3496.13	3659.42
占比/%	22.59	23.05	23.27	22.86	22.82	22.95	23.38	24.09	24.19	25.27

数据来源:由中华人民共和国教育部网站的统计数据整理而成。

三、民办高校的分布情况

2023年6月19日,教育部发布的《全国高等学校名单》显示[1],截至

---

[1] 中华人民共和国教育部.全国高等学校名单[EB/OL].(2023-06-19)[2024-04-18]. http://www.moe.gov.cn/jyb_xxgk/s5743/s5744/A03/202306/t20230619_1064976.html.

第二章 我国民办高等教育发展状况

2023年6月15日,我国共有普通高等学校2820所,其中包括785所民办高等学校。由图2.1可知,除西藏之外,全国各个省、自治区、直辖市均有民办高校分布,民办高校数量位居全国前五的省依次是四川(55所)、河南(53所)、广东(52所)、江苏(46所)、湖北(44所),而数量最少的5个省份分别是甘肃(6所)、新疆(6所)、宁夏(4所)、青海(1所)、西藏(0所)。

根据国家统计局的经济区域划分,我国除港澳台地区外,可划分为东部、中部、西部和东北四大地区。2023年数据显示,四大地区共有民办高校785所,其中东部地区10个省份共有民办高校301所,平均每个省份30所,占比38.34%;中部地区6个省共有民办高校207所,平均每省35所,占比26.37%;西部地区12个省份共有民办高校208所,平均每个省份17所,占比26.50%;东北地区3个省共有民办高校69所,平均每省23所,占比8.79%。民办高校数量较多的省份多集中在东部地区,而数量较少的省份均位于西部地区。这些数据反映出我国四大地区在民办高校的数量上的显著差异,可能与各地区的经济发展水平密切相关。

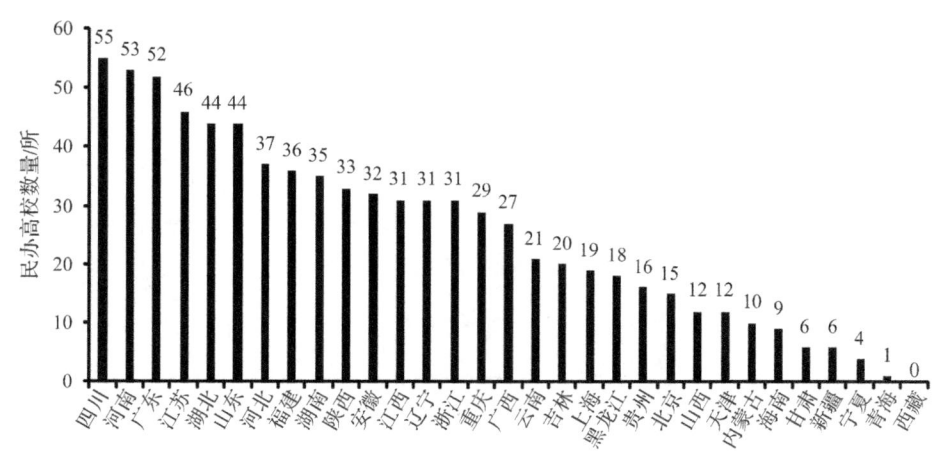

图2.1 2023年各省(自治区、直辖市)民办高校数量(港澳台地区除外)

数据来源:中华人民共和国教育部.全国高等学校名单[EB/OL].(2023-06-19)[2024-04-18]. http://www.moe.gov.cn/jyb_xxgk/s5743/s5744/A03/202306/t20230619_1064976.html.

第三节　我国民办高等教育办学类型与层次

经过40余载的蓬勃发展,我国民办高等教育已取得了显著成就,不仅规模逐渐壮大,更形成了独树一帜的特色。在办学形式和内容上,民办高校展现出多元化的发展趋势,涵盖了自考助学形式、高等教育学历文凭考试形式、传统普通高校办学模式、独立学院和中外合作办学等多种形式,构建了一个多样化的办学体系。在办学层次和结构上,民办高等教育实现了质的飞跃,从非学历教育到学历教育,从专科教育跃升至研究生教育,特别是在研究生教育领域的突破,为我国民办高等教育的高质量发展注入了新的活力。

一、办学类型

在办学类型方面,我国民办高等教育分为高等教育自考考试助学模式、高等教育学历文凭考试模式、传统普通高等学校办学模式、独立学院模式、其他办学模式五种基本类型。

(一)高等教育自考考试助学模式

在20世纪80年代初,鉴于我国高等教育资源严重匮乏的状况,为满足社会对人才的需求和人民群众上大学的愿望,我国设立了高等教育自学考试制度,这一制度的推出,不仅为未能就读于正规大学的有志青年和在职人员提供了一条自我提升的途径,也为社会各阶层青年打造了一个广阔的学习空间。由于自考是国家面向社会的认定高等教育学历资格的考试,具有权威性、公正性,因此产生了极大的社会吸引力,也带动了一批以自学考试辅导为初衷的民办高等教育培训机构的迅速发展[1]。例如,1982年,改革开

---

[1] 刘铁.中国高等教育办学体制研究[D].厦门:厦门大学,2003.

放后我国第一所民办高校——中华社会大学应运而生,随后在1984年,北京海淀走读大学创立。此后,全国各地的民办高等教育机构如雨后春笋般涌现,截至1986年,全国已有370所民办高等教育机构。这类高等教育机构由省、区、市审批,以高等教育自学考试助学为主,主要集中在非学历教育领域,其入学机制灵活,不受国家招生计划的限制,宽进严出,培养与考试相分离,确保了教育质量,并在社会上树立了良好的声誉。这些民办高校的助学服务,将自学与辅导相结合,有效提高了学生学习的效率和考试的合格率,深受学生的喜爱和信赖。

(二)高等教育学历文凭考试模式

1993年发布的《中国教育改革和发展纲要》规定,对于那些不具备颁发学历文凭资格的民办高等学校和教育机构,可由国家组织学历文凭考试[①]。自1993年在北京初步试点后,这一制度逐步在全国范围内推广。

高等教育学历文凭考试的核心理念在于将办学资格和办学水平评估相分离,旨在降低民办高校的准入门槛,同时确保基本的办学质量。具体而言,省、区、市级教育主管部门可以批准民办高校的设立,办学准入条件适当放宽,但学校是否达到国家认可的办学质量标准,要根据其所培养的学生能否通过国家组织的统一考试加以鉴定。取得学历文凭考试资格的学生,在完成教学计划规定的所有课程和实践性教学环节后,需参加国家组织的考试,若成绩合格且思想品德鉴定合格,将由省级考试办公室颁发国家承认的高等教育自学考试专科毕业证书。

这种结合了学校教育与国家考试的学历文凭考试是一种独特的教育模式,既不同于传统的学校教育,也非纯粹的自学考试。其目的是探索一种以国家考试为引领,依托民办高等教育机构,采取"宽进严出、教考分离"的办学模式。在学校总体水平尚未达标时,为保护办学者、求学者的积极性,以

---

① 饶爱京.民办高等教育政策及其对民办高等教育发展的影响[J].黑龙江高教研究,2006(9):1-5.

及坚持国家宏观教育质量的标准,采取国家、省级、学校三级考试的办法,对学生及学校教育质量进行客观评价,三级考试合格者,国家承认其学历[①]。虽然学历文凭考试的层次主要集中在高等专科,但是也有部分省市进行了本科教育的试点。随着高等教育资源供求矛盾的缓解,教育部在2004年发文决定取消高等教育学历文凭考试,并于2005年起停止招生,这标志着学历文凭考试制度的终结。

(三)传统普通高等学校办学模式

1993年8月,原国家教育委员会正式颁布了《民办高等学校设置暂行规定》,其中着重强调:"国家鼓励设置专科层次的民办高等学校。设置本科层次的民办高等学校,其标准需参照《普通高等学校设置暂行条例》的规定执行。"并指出"民办高等学校及其教师和学生享有国家举办的高等学校及其教师和学生平等的法律地位。民办高等学校招收接受学历教育的学生,纳入国家高等教育招生计划。学生毕业后自主择业,国家承认学历"。

随后在1994年,黄河科技学院获批成为全国第一所实施专科学历教育的民办高校,仰恩大学成为第一所具备颁发本科学历文凭、授予学士学位资格的民办本科高校。2000年,黄河科技学院升格为本科院校,成为我国第一所"专升本"的民办普通本科院校,从此拉开了我国民办本科高等教育跨越发展的序幕[②]。2000年1月,国务院办公厅下发《关于国务院授权省、自治区、直辖市人民政府审批设立高等职业学校有关问题的通知》,其中包括审批独立设置的高等职业学校、省属本科高等学校以二级学院形式举办的高等职业学校和社会力量举办的职业学校。同年3月,教育部颁发《高等职业学校设置标准(暂行)》。这些政策的出台,使民办高等职业学院在审批权下放后迎来了迅猛发展。

[①] 刘铁.中国高等教育办学体制研究[D].厦门:厦门大学,2003.
[②] 阙明坤,费坚,王慧英.改革开放四十年民办高等教育发展回顾、经验与前瞻[J].高校教育管理,2019,13(1):11-18,35.

第二章　我国民办高等教育发展状况

（四）独立学院模式

随着高校扩招的浪潮,原有高等教育资源逐渐捉襟见肘。20世纪90年代末,在经济发达的江苏省、浙江省等地,公办高校开始探索"二级学院"这一独特的办学模式。凭借公办高校的品牌影响力和各种资源,这种办学形式迅速崭露头角,与民办普通高校形成有力竞争,成为高等教育领域的一股新势力,引发了广泛的讨论。这一模式对于满足人民群众日益增长的高等教育需求、增加高等教育资源供给,客观上确实起到了积极的作用。

2003年,教育部下发《关于规范并加强普通高校以新的机制和模式试办独立学院管理的若干意见》[①],首次正式提出"独立学院"的定义,文件明确指出,"本文所称独立学院,是专指由普通本科高校按新机制、新模式举办的本科层次的二级学院。一些普通本科高校按公办机制和模式建立的二级学院、'分校'或其他类似的二级办学机构不属于此范畴"。根据文件精神,独立学院有三个主要特点:首先是采用全新的办学机制,主要由合作方出资或通过民办方式共同筹集资金,其收费标准遵循国家对民办高校招生收费的相关规定。其次是采用新型的办学模式,首次提出"五个独立"的概念,包括相对本部独立、独立的法人地位、独立授予学历学位、独立的校园和独立的财务核算,这为独立学院赋予了明确的定义。最后是新型的管理体系,独立学院的管理制度和办法由举办者和合作方共同商榷,并通过具有法律约束力的协议明确双方的职责、权利和利益关系。此外,独立学院实行理(董)事会领导下的院长负责制,理(董)事会的构成及成员由双方共同决定,院长则由创办方推荐、理(董)事会选举产生。这些特点构成了民办高校应具备的基本条件。

为加强对独立学院的规范化管理。2008年,教育部颁布《独立学院设置

---

① 中华人民共和国教育部.教育部关于印发《关于规范并加强普通高校以新的机制和模式试办独立学院管理的若干意见》的通知[EB/OL].(2003-04-23)[2024-04-27]. http://www.moe.gov.cn/s78/A03/s7050/201206/t20120628_138410.html.

与管理办法》,对全国300多所独立学院设定了为期5年的评估验收期。在这一阶段,独立学院将面临五种不同的选择:维持独立学院的身份继续办学、"回归"母体高校、转设为民办普通高校、与其他民办高校合并、终止办学。在2008年至2013年间,仅有30所独立学院完成转设,截至2013年,未转设的独立学院有292所。随着教育体制改革的推进,独立学院这种特殊的办学模式面临着诸多挑战。为优化教育资源配置,提高高等教育的整体质量,教育部持续推动独立学院转设工作。2020年5月15日,教育部办公厅发布《关于加快推进独立学院转设工作的实施方案》,旨在快速推进独立学院的转设进程。依照该方案,到2020年底,所有独立学院均需拟定具体的转设计划,并促进部分独立学院顺利完成转设。原则上,中央部门所属高校、部省共建高校举办的独立学院应率先完成转设,其他独立学院要尽早完成转设。转设途径包括转为民办高校、转为公办高校或终止办学。对于终止办学的情况,方案做出了明确的规定,"已停止招生,或由于各种原因无法完成转设,或举办者主动提出且条件具备的,终止办学,撤销建制"。截至2023年,还剩164所独立学院未完成转设,这些未转设的独立学院面临着办学形态多元、产权归属复杂等难题,转设工作进入攻坚阶段。面对未来,独立学院需积极寻求转型之路,以适应教育发展的新趋势。

(五)其他办学模式

其他类型的办学模式主要包括中外合作办学等模式。中外合作办学是指中国教育机构和外国教育机构依法在中国境内合作举办以中国公民为主要招生对象的教育教学活动[①]。这种办学模式融合了中外教育资源,旨在引进国外优质教育资源,提升我国教育水平,培养具有国际视野和竞争力的人才。目前此类学校不多,影响面也不大。截至2023年6月15日,全国普通

---

① 中国政府网.中华人民共和国中外合作办学条例[EB/OL].(2019-03-02)[2024-04-15]. https://www.gov.cn/gongbao/content/2019/content_5468875.htm.

高等学校(不含港、澳、台地区的高等学校)中有中外合作办学、内地与港澳合作办学和境外高等教育机构在海南自由贸易港设立的实施理、工、农医类学科专业的学校共计14所①,其中有本科办学层次学校11所,专科办学层次学校13所。较早创办的中外合作办学高校有宁波诺丁汉大学、西交利物浦大学、苏州百年职业学院等。2003年出台的《中华人民共和国中外合作办学条例》,为中外合作办学提供了明确的法律依据和规范,该条例明确了中外合作办学机构设立、活动和管理中的具体规范,以及举办实施学历教育和自学考试助学、文化补习、学前教育等中外合作办学项目的审批与管理办法。

二、办学层次结构

我国民办高等教育的发展不仅体现在整体规模稳步增长,更体现在办学层次的显著提升②。以往,民办高校主要集中在高职高专教育层次,但目前我国民办高校在本科教育方面的增长势头强劲。得益于政府的有力支持和"探索发展本科层次职业教育"等政策,许多民办高职学校成功升级为本科院校。尽管在过去10年间民办高校的总数增长有限,但我们注意到一个明显的趋势:民办专科教育的毕业生人数、招生规模和在校生人数的增长放缓,有的甚至出现了停滞或下降;相比之下,民办本科教育的规模增长迅速,有超过1/3的省、区、市民办本科数量已超越了民办专科院校,这反映出民办高等教育在质量和结构上的不断改善。

对于民办普通高校举办本科教育的政策,教育部门始终保持着审慎态度,从实际出发,兼顾了民办高校的办学条件和社会认可度。1994年,仰恩大学从华侨大学的独立学院分离出来,作为独立的民办普通本科高校。但

---

① 中华人民共和国教育部.全国高等学校名单[EB/OL].(2023-06-19)[2024-04-18].http://www.moe.gov.cn/jyb_xxgk/s5743/s5744/A03/202306/t20230619_1064976.html.

② 方芳.中国民办高等教育发展之考析[J].中国高等教育,2017(Z1):47-50.

在此后的几年间,民办本科教育经历了长时间的沉寂。进入21世纪,随着民办高等教育办学环境的逐步改善,民办高校的本科升级之路终于迎来了曙光。2000年,教育部批准黄河科技学院正式升格为本科院校,成为国内第一所独立建校的民办本科高校。2002年,上海杉达学院、三江学院等也相继被批准为本科院校。为配合《民办教育促进法》的颁布实施,教育部在2003年批准浙江树人学院、北京城市学院、西安培华学院、吉林华侨外国语学院、黑龙江东方学院5所民办高校升格为本科院校,使我国民办本科高校数量增至9所。2005年,教育部批准16所民办高校升格为本科院校。2006年,上海市实行自行设置本科院校试点,建桥学院纳入试点,升格为本科院校。此后几年,教育部还在继续审批民办高校升格为本科院校和独立学院转设工作。根据数据显示,截至2022年,我国共有390所民办普通本科学校(含164所独立学院)、22所民办本科层次职业学校,以及350所民办高职(专科)学校。这一转变既反映了经济社会对本科层次应用型、技术型人才的迫切需求,也体现了国家对民办高等教育发展的高度重视和大力支持。

值得一提的是,在研究生教育层面,民办高校也取得了历史性突破。2011年,国家学位办批准了一批"服务国家特殊需求硕士专业学位人才培养项目"试点单位,北京城市学院、吉林华侨外国语学院等5所民办高校获批为试点单位,具有研究生招生资格,旨在培养与社会需求紧密结合的高层次实践型人才。2017年,吉林华侨外国语学院通过国务院学位委员会审核,成为硕士学位授予单位。2018年,吉林华侨外国语学院更名为吉林外国语大学,并在2020年成功获批吉林省博士学位授予单位立项建设高校(A类)。2021年,西京学院、河北传媒学院、三亚学院、宁夏理工学院这4所民办高校获批成为硕士学位授予单位。截至目前,我国共有7所民办高校开展研究生教育。2018年,西湖大学在杭州成立,西湖大学的办学定位是高起点、小而精的新型研究型大学,以博士生培养为起点,致力于培养复合型、拔尖创新人才,再度刷新了民办高校的办学层次,开启了我国民办高校培养博士研究生的先河。起初西湖大学是和复旦大学、浙江大学等联合培养博士生,截至 2024 年 8 月,西湖大学已拥有学术学位一级学科博士授权点 3 个,并于 2022 年开始在生物学、化学、电子科学与技术学科领域独立招收博士生。2022 年,全国民办高校硕士毕业生为 950 人,招收研究生 1694 人,其中博士研究生 211 人,硕士研究生 1438 人;研究生在校生数为 3878 人,其中博士研究生 211 人,硕士研究生 3667 人。

综上所述,我国民办高校的本科办学将继续保持增长态势,并在研究生教育层面取得了更多突破。这不仅是民办高校自身发展的必然结果,也是国家教育事业繁荣发展的有力体现。

在审视我国民办高等教育的层次结构时,不难发现其规模与结构正经历着显著的变化。截至 2022 年,民办高校在专科、本科、研究生层次的招生人数分别为 1348681 人、1199347 人、1694 人,在全国普通高校相应层次的占比分别为 25.02%、25.22%、0.14%。同时,民办高校在校的专科、本科、研究生人数分别为 3937930 人、5310972 人、3878 人,占全国普通高校相应层次的比例约为 23.57%、26.71%、0.11%。此外,民办高校的专科、本科、研究生毕业生数分别为 1066237 人、1236163 人、950 人,占全国普通高校相应层次的比例约为 21.55%、26.16%、0.11%。这些数据一致显示出,民办高校在本科和专科教育领域扮演着主要角色,但在研究生教育方面还需加强。

值得强调的是,与 10 年前相比,我国民办高等教育在培养研究型人才方面已实现了质的飞跃。从规模变化的角度来看,我国民办高等教育在本科、专科两个层次上均实现了显著增长。例如,在本科层次的招生人数从 2005 年的 37410 人激增至 2022 年的 1199347 人,增长了 1161937 人,增幅高达 3105.95%;而专科层次的招生人数从 2005 年的 398691 人增至 2022 年的 1348681 人,增加了 949990 人,增长率为 238.28%。此外,本科招生数的显著增加导致了专科本科比的根本性变化,从 2005 年的 10.66∶1 降至

2019年的1.12∶1，专科与本科招生人数已趋于平衡。显然，我国民办高等教育的规模增长主要集中在本科层次，教育层次结构的重心正在上移。这不仅是我国民办高等教育发展的一个重要里程碑，也预示着我国高等教育体系正在向着更加多元、均衡的方向发展。

三、办学定位与专业设置

我国民办高等教育的办学定位与专业设置具有鲜明的市场导向和特色化发展的趋势。民办高校较少怀有"追随清北"的执着，而更多的是锚定在应用型或职业技术型高校的定位上。这些学校充分利用自身的体制机制优势，主动对标地方社会经济发展的实际需求，灵活调整学科专业结构，力求在特色领域实现错位竞争，从而打造高质量的教育品牌。从硕士点布局来看，民办高校主要聚焦于管理、艺术和工程类等实用型领域，人文社科类专业比例略高于理工科类专业，且以专业学位招生为主，更侧重于技术实践能力的培养，注重理论与实践的深度融合，旨在培养应用型和工程研究型人才。从本科层次培养来看，民办高校往往倾向于开设一些社会需求旺盛的专业，如管理学中的财务会计、文学领域的外语及工学方向的信息与计算机等相关专业，这些专业具有较强的实用性和应用性。同时，实践性较强的应用性学科得到了较快的发展，而理论性较强的基础性学科的发展则相对较弱。至于专科层次的民办高校，主要致力于提供高等职业教育，其专业设置突出了职业教育的实用性特征，覆盖了日常生活的多个领域，如财经、艺术设计、传媒、公共事业、土建、制造、交通运输、医药卫生、轻纺食品、水利等大类。

第四节　我国民办高等教育存在的问题与挑战

一、强国建设视野下民办高等教育高质量发展任重道远

党的二十大报告要求"着力推动高质量发展，主动构建新发展格局"，并明确指出"高质量发展是全面建设社会主义现代化国家的首要任务""要坚持以推动高质量发展为主题"。在教育问题上，要求"办好人民满意的教育"，要"坚持以人民为中心发展教育，加快建设高质量教育体系""引导规范民办教育发展"。建设教育强国，龙头是高等教育，而我国民办高等教育作为高等教育体系中的一支重要力量，其高质量发展不仅不可缺位，更需要主动作为。

根据 2022 年全国教育事业发展统计公报显示，截至 2022 年末，全国共有普通高校 2760 所，其中民办普通高校 764 所（含独立学院 164 所），占比达到 27.68%。这一数据表明，要实现教育强国的宏伟目标，构建高质量高等教育体系，离不开占全国普通高校总数近 28% 的民办高校的参与。没有民办高校的高质量发展，就不可能实现我国高等教育高质量发展的目标，就不可能建成教育强国[1]。因此，促进民办高等教育的高质量发展，不仅是构建高质量教育体系的内在需求，更是实现教育强国战略的必由之路。当前，对照建设教育强国的需求和高等教育高质量发展的预期目标，民办高等教育在实现高质量发展之路上仍面临诸多挑战，主要体现在办学同质化严重、人才培养质量不高、师资队伍建设薄弱、经费来源单一、教育教学质量偏低等方面。

---

[1] 杨刚要，阚明坤.新发展格局下民办高校高质量发展的目标定位与实现路径[J].教育与职业，2021(19)：83-88.

（一）宏观层面

一是办学同质化现象严重。在起步阶段，许多民办高校倾向于以全职聘用、柔性引进等方式引入公办高校退休领导和高级职称教师来办学，这种做法无意间将公办高校的模式简单复制到办学实践中，进而出现了对公办高校办学模式的过度借鉴，导致民办高校自身在办学定位、人才培养、学科专业设置等方面缺少鲜明的办学特色。"十四五"期间，国家对于高等教育的质量提出了新的要求，特别强调了"推进高等教育分类管理和高等学校综合改革，构建更加多元的高等教育体系""分类建设一流大学和一流学科"等具体任务，对于民办高校来说，更要寻求差异化发展，展现自身的特色和优势。在过去 40 多年的发展过程中，民办高校不仅把握住了高等教育大众化的历史机遇，实现了数量的增长，而且在市场环境和办学实践中，也充分展示了其体制机制的灵活性。新时代新要求，民办高校不能沿袭规模扩张、粗放发展、盲目模仿的老路，而应在遵循教育规律与市场规律下，发挥其独特的体制优势，走特色发展道路，开启民办院校发展新征程。

二是人才培养重结果，轻过程。高校作为培育人才的摇篮，其人才培养的质量是评价一所高校办学成效的关键指标。随着"四新"建设、"六卓越一拔尖"计划等政策的深化推进，人才培养在高等教育质量中的基石作用愈发凸显。保障这一基础质量，对于向国家和社会输送优质人才至关重要，同时也展现了高校的核心竞争力。政策的导向作用至关重要，它为高校育人指明了方向。然而，大多数民办高校在对政策的理解与执行上存在一定偏差，迫于完成某些计划、任务的压力，或是急于求成，过多关注热门专业数、就业率、考研通过率等外在的、量化的结果性指标，而忽视了如何保证人才培养过程性质量这一关键问题，最终导致人才培养结果并不能真正满足受教育者个人发展和经济社会发展的双向需求[1]。

---

[1] 王孝武,王雅婷.新时期我国民办高等教育高质量发展的现实困境与路径探析[J].中国电化教育,2022(9):84-89.

第二章　我国民办高等教育发展状况

三是融合发展程度不够。《中国教育现代化2035》提出"更加注重融合发展"作为推进教育现代化的关键理念,并提倡构成全社会共同参与教育治理的新局面。宏观上,教育领域的融合发展强调的是各类教育有机适度结合、发挥各自优势、共同服务学习需求的一种模式[①]。微观上,融合发展则体现为教育教学资源的有效整合和优化配置。当前民办高等教育在融合发展方面还存在不足,一方面,与职业教育、继续教育等其他类型的教育衔接不够紧密,导致生源结构较为单一,未能激发其发展潜力;另一方面,对于行业企业等外部优质资源的挖掘与利用不够充分,资源整合的力度还比较薄弱,从而制约了优质教育资源的供给和民办高校的持续发展。

(二)微观层面

一是师资队伍建设薄弱,高层次人才缺乏。教师队伍建设是高等院校最基本也是最关键的建设。经过多年的发展,民办院校师资队伍建设有所加强,但总体而言,兼职教师数量过多、职称结构不平衡、高水平教师缺乏、教师队伍流动性强等是当前民办高校师资队伍的主要问题。2022年,民办高校专任教师数为40.14万人[②],生师比为23.05∶1,明显高于全国普通院校的平均水平20.50∶1;民办高校大多呈现出老教师多、年轻教师多、中青年骨干教师少的哑铃型结构。其根本原因在于,与公办高校相比,民办高校在吸引高层次人才方面的优势不足。公办高校在人才引进上能够获得更多的政府支持和财政资助,同时能够提供更优厚的福利待遇和获得更高的社会认可度。相反,民办高校在人才队伍建设上的经费完全依赖于自身的预算投入,提供的薪资水平和福利保障较低,导致民办高校在引才、用才、留才

---

① 侯兴蜀.我国高等教育、职业教育与继续教育融合发展实践与推进策略[J].中国职业技术教育,2021(28):19-25.
② 中华人民共和国教育部.2022年教育统计数据:各级各类民办学校校数、教职工、专任教师情况[EB/OL].(2023-12-29)[2024-02-12].http://www.moe.gov.cn/jyb_sjzl/moe_560/2022/quanguo/202401/t20240110_1099540.html.

方面遭遇重重挑战。因此,高学历和高职称教师的缺乏成为民办高校发展的瓶颈,影响了教师队伍的整体实力,并对于学校的整体发展产生较大的影响。

二是经费来源相对单一,普遍依赖"以学养学"的模式。相较于公办高校,民办院校获得的财政拨款明显不足。相关数据显示,民办本科院校生均教育事业收入为 10908 元,公办新建本科院校为 14517 元[①]。此外,除了举办者的投入、少量的政府补贴和社会捐赠,学费收入仍是大多数民办高校办学经费的主要来源,难以摆脱"以学养学"模式的束缚。由于高等教育机构间的竞争愈发白热化,公办高校凭借政府不断增加的财政拨款和持续累积的发展优势,给民办高校带来了巨大的压力。民办高校面临的公共财政支持不足、资金获取途径单一、筹资渠道有限等问题,无疑对其高质量发展造成了不利影响。

三是优质教学资源匮乏,资源配置不均衡。高质量的教学资源对于衡量高校的教育水平至关重要,但这些资源在民办高校中却显得捉襟见肘。具体来说,优质精品课程、优势特色专业、省级及以上教科研团队与实验(实训)室等相对较少,难以满足大规模在校生群体的实际需求。优质教学资源不仅总量不足,而且分配上也不平衡。民办高校为了招揽生源、保证办学规模及经费,开设了诸多管理学、文学、外语等建设成本较低的专业,并以发展社会需求专业为重点和偏好,不遗余力地集聚更多高水平师资、更多经费支持等条件开办计算机类、金融经贸类、护理类等热门专业[②]。然而,这种偏向性的资源配置策略导致一些普通专业建设缺乏足够的投入,甚至缺乏基本的教学设备,进而加剧了专业间的发展不均衡,形成了"优者更优、劣者更劣"的局面,使各专业的均衡发展难以实现。

---

① 教育部高等教育教学评估中心.中国民办本科教育质量报告[M].北京:教育科学出版社,2017:90.
② 阮慷,陈武元.我国民办高等教育发展成就、问题与展望——《国家中长期教育改革和发展规划纲要(2010—2020 年)》实施效果分析[J].中国高等教育评论,2022(1):141-157.

二、民办高校法人治理机制不完善

民办高校作为民办高等教育发展的核心载体,其法人治理结构的健康与否直接关系到整个民办高等教育体系的稳定与发展。然而,由于法人治理机制的混乱、内部权力的失衡及频发的冲突,导致治理成本增加、治理效率降低,这对民办高校及整个民办高等教育的转型升级与可持续发展造成了极大的负面影响。

受法人属性不清、产权制度不明、利益相关者权责利关系不顺、政府角色定位不细等因素的影响[1],我国民办高校法人治理结构普遍面临着政治、资本、行政和学术等权力配置的不均衡。

其一,党建工作通常较为薄弱。虽然民办高校成立了党组织,但其在组织架构中的地位往往不及理(董)事会,其中的主要领导职务通常由理(董)事长兼任,这限制了党组织在政治领导和监督方面的作用。进一步从资源依赖理论的角度分析,高校作为一个高度依赖和消耗资源的机构,那些能够提供或控制资源的个人或组织,对高校的运营和发展拥有显著的影响力。

其二,举办者权力过于集中。不同于国外私立大学常见的"专家型理(董)事会"和"代表型理(董)事会",我国民办高校多为"举办者控制型理(董)事会"[2]。举办者通过加强对理(董)事会的控制来支配整个学校,并且多安排家属成员进入理(董)事会。特别是我国许多民办高校是在 2000 年前后成立的,而当时创办这些民办高校的人都已较为年长,经过 20 多年的发展,如今我国民办高校举办者的平均年龄已逾 60 岁[3]。因此,民办高校的举办者通常将高校视为家族事业的一部分,他们有强烈的意愿培养子女参与学校的管理。这种做法往往将学校变为"家族企业",进而导致学校管理

---

[1] 周海涛,施文妹.完善民办高校法人治理结构的难题与策略[J].江苏高教,2015(4):13-16,95.

[2] 王一涛,刘继安.中国民办高校董事会规范结构和行为结构偏差的实证分析[J].复旦教育论坛,2015,13(4):75-81.

[3] 王一涛.我国民办高校创办者群体特征及其政策启示[J].高等教育研究,2014,35(10):56-62.

专业性不足,容易受到资本追求利润的影响,最后削弱了教育的社会公益性质,与创立学校的初衷背道而驰。

其三,校长行政权力行使受限。2002年颁布的《中华人民共和国民办教育促进法》对民办学校理事会或者董事会人员结构提出了明确的要求:"学校理事会或董事会由举办者或者其代表、院长、教职工代表等人员组成。其中三分之一以上的理事或者董事应当具有五年以上教育教学经验。学校理事会或董事会由五人以上组成,设理事长或者董事长一人。"实际上,民办高校也都设立了理(董)事会,实行理(董)事会领导下的校长负责制,但在现实中普遍存在理(董)事会组成人员单一的现象,理(董)事会成员大多是由出资者或出资者的相关联系人组成,组成人员中缺乏教职工和社会人士等利益相关者的参与,理(董)事会中即使有引入外部专家学者,很多也只是挂名,未能起到实际作用,更谈不上有决策影响力。一些学校实际上还是由举办者控制学校实际决策权力,校长一般很难有重要职权,与理(董)事会之间的制衡机制实际上是失效的,而且不少民办高校由举办者兼任校长之职。

其四,监督机制不健全。民办高校发展的监督机构缺失,我国当前的法律法规并未强制要求民办高校设立监督机构,在实际管理中有些民办高校并没有真正设立监事会,即使是成立了监事会机构的学校也往往流于形式,未能发挥应有的监督作用。同时,教职工、学生、社会等利益相关者的参与度不高,缺乏共同治理学校的有效渠道与动力。

三、民办高校分类管理推进受阻

2016年,随着《民办教育促进法》修订案的通过,民办高校分类管理正式实施,明确对营利性和非营利性民办学校实行分类管理,要求民办高校做出"营非选择"[1]。2022年9月,杨程通过问卷和访谈调查,收集到我国643所

---

① 杨程.营利抑或非营利:民办高校分类管理的政策与实践[M].北京:北京理工大学出版社,2019:41-42.

民办高校的相关数据,其中选择营利性的有69所,占比为10.7%;选择非营利性的有110所,占比为17.1%;尚未启动的有464所,占比为72.2%[①]。综合分析来看,尽管我国民办高校分类管理改革已经取得了一定的阶段性成果,但整体进展不一,推进速度相对缓慢,多种因素导致大多数民办高校仍在观望,尚未进行营利性还是非营利性的选择。这既与分类登记程序不清晰、配套政策不健全等客观因素有关,也与民办高校举办者分类选择的动力不强等主观因素密切相关。选择非营利性所带来的权益担忧和扶持政策的不确定性,以及选择营利性所带来的道德压力和发展环境的不确定性,都是影响举办者决策的重要因素。

（一）客观因素

一是有关分类管理改革核心内容尚未明确。民办高校拥有的资产规模庞大,来源多样化,使资产清算成为改革过程中的一个主要难题。现有民办高校若选择成为营利性民办高校,需要进行财产清算,但是谁来清算、如何组织、结果如何认定、学校各类财产的产权归属、国有资产和国家财政性经费如何确定等都不明确[①],给实际操作带来了一定的阻碍。

二是跨部门协调难度大。对现有学校进行分类和转设工作,涉及教育、民政、市场监管、财政、人社、税务等多个部门。当政策制定涉及多个部门时,政府的组织统一性常常被"有组织的无政府"状态所代替[②],这导致教育行政部门统筹协调难度加大,难以形成合力来有效落实民办高校分类管理改革问题。

三是现有的学校退出机制和财产补偿制度尚未完善。选择成为非营利性民办高校,意味着举办者以捐资形式办学,无法从办学中获得收益,学校的结余资金将全部用于教育事业,而举办者只有在终止办学时才能得到相

[①] 杨程.民办高校分类管理的发展态势、现实困境及推进策略[J].中国高教研究,2023(5):55-62.
[②] 阎凤桥.民办教育政策推进为何缓慢?——基于组织行为决策视角的考察[J].华东师范大学学报(教育科学版),2017,35(6):11-17,152.

应的补偿和奖励,这对于有长期办学目标的举办者来说,补偿和奖励的获得存在一定难度。此外,此类学校将来终止清算后的剩余资产如何给予举办者相应的补偿或奖励,国家也没有统一规定①。

四是独立学院是当前分类管理改革的难点。现阶段独立学院转设工作停滞,目前仍有164所独立学院尚未完成转设,这给分类管理改革带来了一定的难度。经调研发现,独立学院转设进程中多因"分手费"问题而难以达成共识,母体高校担心部分国有资产流失,而社会力量举办者则担心转设后如何选择非营利性和营利性法人登记,同时也对举办者的权益保障有顾虑。部分利益相关者认为在现有政策文件中找不到所期待的答案,对未来政策预期较为模糊,影响了独立学院的转设进度和效果②。

（二）主观因素

在探讨民办高校分类管理的困境时,除了上述提到的客观因素,还需要对主观因素,包括人和组织进行深入分析。特别是民办高校举办者作为关键因素,其立场和决策对于民办高校管理的发展方向具有重大影响。因此,许多学者从举办者的视角出发,对民办高校分类管理存在挑战的成因进行了深入研究。黄崴和李文章认为,举办者所具有的"经济人"属性使他们惧怕选择登记为非营利性民办高校,而举办者所具有的"道德人"属性导致他们不愿选择登记为营利性民办高校③。陈文联也认为我国多数民办高校举办者内心本意是希望选择登记为营利性民办高校,但是出于扮演"道德人"的目的而选择登记为非营利性民办高校,"经济人"和"道德人"的冲突导致

---

① 董圣足,戚德忠.新政背景下民办学校分类转设的困局与出路——基于浙江温州的实践探索及思考[J].现代教育管理,2020(9):38-45.
② 钟秉林,景安磊.独立学院转设现状分析与转设后可持续发展路径探析[J].中国高教研究,2021(4):14-19.
③ 黄崴,李文章.民办高校分类管理改革的"中间路线":基于举办者视角的分析[J].中国高教研究,2017(2):19-23.

民办高校的举办者面临"两难困境"[①]。别敦荣和石猛认为,目前非营利性和营利性的二元分类框架无法满足举办者的利益预期,因此分类管理必然会陷入困境,要打破该困境,需要突破二元分类框架,开辟"第三条道路"[②]。

目前,多数举办者对于选择非营利性民办高校存在顾虑,担心自己的权益会受到损害,并且认为选择非营利性民办高校后并不会为学校的发展带来实质性的改善。选择为非营利性民办高校后可能意味着失去对学校的最终控制权和决策权,特别是在人事、财务等关键领域的决策权。国家对非营利性民办高校的扶持政策尚不明朗,学校选择成为非营利性民办高校后受到的监管反而会增多,如学费限价、经费使用、干部任命等此类监管措施可能会限制民办高校的灵活性,并影响决策效率。对于选择营利性民办高校的举办者而言,道德压力、生源问题、财务和税收政策过严等都是他们不得不考虑的难题。

---

① 陈文联.举办者视阈下民办高校分类管理制度的调适与创新[J].中国高教研究,2018(5):88-91.
② 别敦荣,石猛.民办高校实施分类管理政策面临的困境及其完善策略[J].高等教育研究,2020,41(3):68-76.

第三章 我国民办高等教育分类管理的制度与实施

第一节　我国民办高等教育分类管理政策背景

一、拾遗补阙：民办高等教育的原初定位

改革开放前夕,世界上许多国家的高等教育毛入学率已达40%以上,而我国仍在个位数徘徊。1998年,欧洲、北美洲和大洋洲国家的高等教育平均毛入学率分别为49%、48%和47%,亚洲国家平均为11%,而中国只有9.8%,低于亚洲国家平均水平,中国高等教育规模小、水平低是一个不争的事实[1]。世界各国高等教育发展的经验表明,开放办学权、鼓励社会力量投入高等教育、增加教育资源供给,是发展高等教育事业的重要途径。改革开放以后,我国高等教育发展也选择了鼓励民办高等教育发展的道路,解决了在当时国家财政紧张状况下发展大规模高等教育的难题。早期民办高等教育的飞速发展顺应了改革开放大势与重大社会转型的时代需求,有效缓解了人才矛盾,服务经济建设,完成了时代赋予的重要使命[2]。

---

[1] 数据来源于联合国教科文组织官网。
[2] 徐绪卿,韩晓敏.民办高等教育政策执行阻滞研究[J].浙江树人学院学报,2024,24(1):1-9.

论及民办高等教育的原初定位,就不得不从法律层面予以阐释。1987年7月8日,国家教委发布《关于社会力量办学的若干暂行规定》,第三条明确规定:"社会力量办学是我国教育事业的组成部分,是国家办学的补充。各级人民政府及教育行政部门应鼓励和支持社会力量举办各种教育事业,维护学校正当权益,保护办学积极性。"同时,该规定的第十六条也对这类学校的财产处置予以明确界定,即"社会力量举办学校的全部收入以及固定资产,归学校所有"①。1995年颁布的《中华人民共和国教育法》(简称《教育法》)明确规定"任何组织和个人不得以营利为目的举办学校及其他教育机构"②。民办高等教育的相关政策根据上位法,也要求"民办高校不得营利"。1997年7月31日,国务院发布《社会力量办学条例》,指明了国家对民办教育的十六字方针,即"积极鼓励、大力支持、正确引导、加强管理",但第六条明确规定"社会力量举办教育机构,不得以营利为目的";第三十七条规定"教育机构的积累只能用于增加教育投入和改善办学条件,不得用于分配、不得用于校外投资"③。除此之外,该政策还对民办教育机构清算时的结余进行了严格规定,除了支付教职员工的工资、社保等费用外,剩余部分统筹安排,用于发展社会力量办学事业。如上所述,在国家法律法规的政策体系中,民办高等教育的法律地位是清晰而明确的,虽然注册登记为民办非企业单位,但是实质上也隐藏着国家对民办高等教育公益性的导向及营利性的限制。任何试图在民办高校举办过程中获取个人回报的行为都是非法的。

在20世纪八九十年代,民办高等教育作为公办高等教育的有益补充,弥补了教育资源匮乏,扩大了资源供给,缓解了国家教育财政压力,为经济社会发展做出了积极的贡献。在这一时期建立的诸多民办高校也成为我国

---

① 罗腊梅.民办高等教育政策变迁研究[D].重庆:西南大学,2015:34-35.
② 中国政府网.中华人民共和国教育法[EB/OL].(1995-03-18)[2024-05-01]. https://www.gov.cn/banshi/2005-05/25/content_918.htm.
③ 广东省人民政府.中华人民共和国国务院令第226号《社会力量办学条例》[EB/OL].(1997-07-31)[2024-05-01]. https://www.gd.gov.cn/zwgk/gongbao/1997/27/content/post_3358788.html.

民办高等教育的先行者、开拓者和创新者,为我国高等教育发展做出了巨大贡献,如王家扬先生创办的浙江树人学院、丁祖诒先生创办的西安翻译学院、姜维之先生创办的西安培华学院等。

二、政策松动:民办高等教育的外部推力

虽然先前的法律框架要求民办高校不得营利,但在以鼓励为主、"摸着石头过河"的宽松环境下,社会各界对民办高校的营利现象多有议论,但政府一直对此持宽容态度。民办高校的营利行为伴随着民办高等教育整个发展过程,有的地方甚至出现了"学店"现象。虽然这种极端的例子很少,但是营利行为在民办高校办学中普遍存在。"不得以营利为目的"的民办教育政策,一直无法真正得以贯彻落实。2002年,全国人大常委会审议了《民办教育促进法》草案,争议最大的也是营利问题。经过四轮会议审议,最后颁布的《民办教育促进法》在遵循"不得以营利为目的"规定的同时,提出"民办学校在扣除办学成本、预留发展基金以及按照国家有关规定提取其他必需的费用后,出资人可以从办学结余中取得合理回报"。可见,法律及相关政策实际上已经作了让步。由于"合理回报"实施的具体办法要"由国务院规定",且后续国务院并没有出台新的政策,导致这一政策实际上成为一纸空文,使民办高校陷入可否营利的政策模糊状态。有的民办高校声称不营利,享受着政府的相关补助,背后却实施营利行为,即"以非营利之名行营利之实"。

2010年,《国家中长期教育改革和发展规划纲要(2010—2020年)》提出"积极探索营利性和非营利性民办学校分类管理""开展对营利性和非营利性民办学校分类管理试点"[①],这实际上宣告了民办教育"不得以营利为目的"的法律规定已经被突破。长期以来,民办高校举办者普遍存在的营利性

---

① 中国政府网.国家中长期教育改革和发展规划纲要(2010—2020年)[EB/OL].(2010-07-29)[2024-05-02]. https://www.gov.cn/jrzg/2010-07/29/content_1667143.htm.

动机及行为与政府对教育机构营利限制之间的矛盾冲突,是民办高等教育政策执行阻滞的一个基本假设。研究表明,投资办学是我国民办高等教育的本质特征[①]。既然是投资办学,就可能有营利行为。投资是一种以一定资本为本钱,以获取一定收益为目的的经济行为。投资办学对民办高等教育的最大影响就是举办者将办学过程视作营利过程,从而偏离正常的办学方向。我国以往所有的法律法规都明确规定教育"不得以营利为目的",但长期以来政府对投资办学缺乏理论指导、实践引导、法律准备和政策供给,在民办高等教育可否营利的问题上,对其办学营利行为持法律禁止、实践默许的态度,使政策执行陷入系统性困局。

2002年颁布的《民办教育促进法》仍坚持"不得以营利为目的"的办学原则,但是鉴于"现有民办学校中90%以上都存在投资动机"[②]的既定事实,该法明确了可取得"合理回报"的部分办学结余,这实际上默许了民办高校的营利行为。在《民办教育促进法》实施后,有关部门仍强调"合理回报"不是营利,其带有"奖励"性质,但"合理回报"的相关细则却迟迟未出台,加剧了政策与实践之间的矛盾。民办高校的营利行为开始由暗转明,使"不得以营利为目的"的政策悬置,政策执行阻滞进一步凸显。我国民办高等教育发展中存在的"营利"与"非营利"之间的矛盾具有深刻的社会动因。一方面,民办高等教育发展初期社会资金集聚度弱,缺乏大笔资金投入,政府资助与社会捐助又少,使民办高校从建校到运行都依赖市场运作。可以说,市场机制是民办高校得以生存和发展的基础,举办者往往从市场的角度来评估和执行政策。另一方面,我国民办高等教育市场并非完全开放市场,与经济领域市场机制起决定性作用不同,当下高等教育仍是一个计划占主体和起决定性作用的有限市场,政府通常用适应性的要求来制定民办高等教育政策。

---

① 邬大光.我国民办教育的特殊性与基本特征[J].教育研究,2007(1):3-8.
② 吴华.新《民办教育促进法》即将实施,民办教育何去何从?[EB/OL].(2017-08-07)[2024-05-02]. http://www.shmbjy.org/item-detail.aspx? newsid=7778.

第三章 我国民办高等教育分类管理的制度与实施

营利性办学和非营利性办学的碰撞,实际上反映了市场和计划的矛盾与博弈存在着市场主体对营利的自由追求和政策容许的有限营利之间的剧烈矛盾。

三、应运而生:分类管理政策的顶层设计

2016年11月,全国人大常委会通过《民办教育促进法》的修改,明确对民办教育实施营利性与非营利性分类管理,至此,民办高等教育分类管理政策应运而生。《民办教育促进法》取消了"不得以营利为目的""合理回报"的相关规定,允许社会力量选择举办除义务教育阶段以外的营利性民办学校。该法第十九条明确规定,民办学校的举办者可以自主选择设立非营利性或者营利性民办学校,其中,前者不得取得办学收益,学校的办学结余全部用于办学;后者可以取得办学收益,学校的办学结余按照公司法等有关法律、行政法规的规定处理[1]。同年,教育部联合相关部门出台了《民办学校分类登记实施细则》,对营利性民办学校的注册登记和运行管理等做了明确规定。可以说,从法律法规层面分析,分类管理政策为民办高校对接资本市场、实施公司化运营提供了法律通道,国家彻底取消了对民办高等教育的营利性限制,改由举办者自行选择。

一时之间,社会资本直接投资办学的营利性民办高校数量大增。一些民办高校举办者因担心政策不稳定、预期不确定,借政策尚未落地的过渡期,明确选择营利性办学,使营利性民办高校数量激增。不少营利性民办高校所在的教育集团纷纷上市,短时间内达到近百家[2]。由于法律对于营利的场景和数额等缺乏细节规制,一些民办高校出现了"逐利"或"暴利"行为,如

---

[1] 中国政府网.全国人民代表大会常务委员会关于修改《中华人民共和国民办教育促进法》的决定[EB/OL].(2016-11-07)[2024-05-11]. https://www.gov.cn/xinwen/2016-11/07/content_5129792.htm.
[2] 徐绪卿,周朝成.制度变迁与民办高校的风险治理研究[J].浙江树人大学学报,2023,23(1):1-8,18.

某高等教育集团"一年挣19亿"①、某上市"教育集团领导父女两人年薪合计3400多万元"②等报道见诸媒体,引发社会强烈反响。针对这一现象,教育部强调"民办学校需以公益性为初衷"③,试图干预和限制日趋严重的营利行为。允许营利并未解决政策与举办者之间的矛盾,民办高等教育发展中的"营利"与"非营利"之间的矛盾将转化为"营利为目的"与"有限制营利"之间的矛盾,政策执行阻滞也将持续存在与深化。2017年,4家涉及高校的教育集团在香港地区集中上市,分别是宇华教育、民生教育、新高教集团和中教控股,关涉11所开展学历教育的民办高校。在此背景下,一些公司通过资产并购、重组等形式加快了民办高校的上市步伐。截至2023年10月,我国民办高等教育类公司于港股上市的有21家,涉及境内高校81所(另有境外院校11所),其中本科院校50所,专科院校31所,另有两家民办高校由企业收购并在A股上市,这些上市的民办高校覆盖了文、理、工、医、商、法等多个学科领域,涵盖了本科、专科、职业等多个层次,形成了一定的规模和影响力④。

分类管理是一项复杂的系统工程,不可能一蹴而就。随着《民办教育促进法》的颁布实施,各地政府大多设置了分类管理的过渡期,其间未明确分类类型的民办高校仍按非营利性学校管理。但是,由于政府打破了民办高等教育市场的相对平衡,引发了民办高校赴境外上市融资的热潮。虽然分类管理政策还未完全落地,许多民办高校未做出"营非选择",但事实上,分类管理政策的影响效应非常显著,它标志着我国民办高等教育发展进入了新阶段、新时期。

---

① 搜狐.一年赚19亿,民办大学是怎么做到的?[EB/OL].(2023-04-22)[2024-05-02].https://www.sohu.com/a/669200407_121706063.

② 新浪网.宇华教育上市20个月:市值增长81%实控人年薪飙增80倍[EB/OL].(2018-09-18)[2024-05-02].https://cj.sina.com.cn/articles/view/1068891872/3fb5fee001900blp4.

③ 中新网.教育部解读民办教育促进法实施条例修订:办学需以公益性为初衷[EB/OL].(2021-05-17)[2024-05-11].http://www.moe.gov.cn/fbh/live/2021/53439/mtbd/202105/t20210518_532010.html.

④ 启迪财经说.民办高校上市:从政策利好到教育资本化的风险与机遇[EB/OL].(2023-10-25)[2024-05-15].https://baijiahao.baidu.com/s?id=1780708270376902424&wfr=spider&for=pc.

第三章　我国民办高等教育分类管理的制度与实施

民办高校分类管理政策经历了从"能不能"实施分类管理的政策讨论到"要不要"实施及"会不会"实施，最后到"有没有"落实分类管理政策的历史变迁[①]。该政策从无到有、自上而下、层层推进，是我国民办高等教育的创新性探索。目前，分类管理政策的宏观制度架构已基本定型，各省市因应的政策基本已经出台，但仅有部分省市的部分民办高校在规定的过渡期内完成了"营非选择"，还有相当大一部分民办高校对该政策持观望态度，并未做出任何实质性选择，采取拖延措施。由此可知，民办高校分类管理政策实施存在多重困境，其政策执行并非一帆风顺。多数民办高校对"营非选择"的前景表示担忧，仍持观望态度。

总体而言，我国民办高等教育经过40余年的改革发展，形成了与公办高等教育协同发展、相互促进的良好局面，已经成为我国高等教育事业的重要组成部分。尤其是党的十八大以来，党中央对民办高校分类管理、差异扶持做出的一系列创新性、前瞻性的宏观决策部署，对推动民办高等教育高质量发展、实现我国教育现代化具有重要意义。

第二节　我国民办高等教育分类管理政策选择

一、产权分配制度

产权分配是民办高等教育分类管理政策的重要内容，尤其是营利性民办高校的产权归属问题。新政之后，非营利性民办高校彻底放弃办学结余的产权分配权，而营利性民办高校则具有对办学结余和剩余资产的处置和分配权。

---

① 杨程.民办高校分类管理研究演进路径、不足与展望——基于学术史的考察[J].国家教育行政学院学报,2023(1):49-56.

为什么民办高校产权分配难以清晰而明确？这主要归因于民办高校办学资金来源的多样化。民办高校的办学资金来源不同于公办高校，其资金来源主要包括个人投资、社会捐赠、学费收入等。例如，某民办高校创办的启动资金是在 20 世纪 80 年代物资极度匮乏时，出资人省吃俭用挤出的 30 元钱，后续在学校发展过程中又接受社会各类捐赠，现在已发展成为拥有四个校区、占地三千余亩、为国家输送各类应用型人才的高水平民办高校。但是先前办学之初的原始投资与后期的办学结余应该如何清算面临重重困难，导致产权归属问题凸显。在面临"营非选择"时，产权明晰是第一步，该校却难以清算，这也是诸多民办高校面临的共同难题。

在国家政策框架下，各省的产权分配制度略有不同。浙江省作为民办教育综合改革的试验区，创造性地提出了产权流转制度，即"除捐资举办的民办学校外，其他民办学校存续期间，出资人或投资者对所有者权益（股权）可以增设、释股、转让、继承、赠与。对非营利性民办学校，在产权流转过程中，一律按账面原值计价；对营利性学校按市场规则操作。各地要制订新举办者所有权益准入条件，支持鼓励办学指导思想端正、热爱教育、资金实力较强的企事业单位、个人参与办学。所有者权益流转要纳入所在地政府产权交易平台，规范操作"[①]。国家出台的民办高等教育分类管理相关政策对民办学校产权归属缺乏清晰而明确的规定，使民办高校的产权流转无法可依，衍生诸多乱象。浙江省创造性地提出产权流转，一方面可以调动并保护出资办学者的积极性，另一方面降低了办学风险，有利于民办教育的整体稳定和健康发展[②]。

总体而言，各省市民办高校情况不一，资产清算异常复杂，产权归属难以实际操作，国家层面缺乏相应的细致的法律法规，因此，省级政府及各个

[①] 浙江省人民政府.关于促进民办教育健康发展的意见[EB/OL].(2013-09-09)[2024-05-19]. https://www.zj.gov.cn/art/2013/9/9/art_1229621583_64236.html.

[②] 黄新茂.解读浙江省民办教育新政的若干亮点[N].浙江教育报,2013-11-27(2).

民办高校对产权分配也较难把握。

二、分类登记制度

分类管理政策颁布之前，所有民办高校一律登记为"民办非企业单位"，与《中华人民共和国民法通则》（简称《民法通则》）中规定的四类法人（企业法人、机关法人、事业单位法人和社会团体法人）属性均不同，因此民办高校法人属性模糊，导致其与公办高校相比，无法享有同等的法律地位。分类登记制度的确立旨在解决民办高校法人属性不明的问题，从性质定位出发，区分两类民办高校，即非营利性和营利性，并采取不同的登记制度。

2016年12月30日，教育部联合人力资源社会保障部、民政部、中央编办、工商总局五部门联合发布《民办学校分类登记实施细则》的通知，规定非营利性民办学校依据《民办非企业单位登记管理暂行条例》和《事业单位登记管理暂行条例》两个政策，分别登记为民办非企业单位或事业单位；而营利性民办学校则依据《中华人民共和国公司法》（简称《公司法》）等法律法规到工商行政管理部门办理登记[①]。该政策从宏观层面建立了民办学校分类管理分类登记机制，重点解决了两类不同学校"到哪里登记""如何登记"等问题，规定了民办学校设立审批、分类登记、变更注销登记等方面的内容。

以上海市为例，国家政策颁布后，上海市作为分类管理政策的试点地区，积极探索并制定了《上海市民办学校分类许可登记管理办法》。该政策规定："选择登记为非营利性民办学校的，应当在2019年12月31日前，依法修订学校章程、完善法人治理结构和内部管理制度、继续办学。""选择登记为营利性民办学校的，应当在许可机关以及相关职能部门的指导下，由学校组织进行财务清算，依法明确资产权属，按照国家有关规定缴纳相关税费，

---

① 中国政府网.教育部人力资源社会保障部民政部中央编办工商总局关于印发《民办学校分类登记实施细则》的通知[EB/OL].（2016-12-30）[2024-05-15]. https://www.gov.cn/gongbao/content/2017/content_5213203.htm.

重新办理法人登记手续,继续办学。经清算确认的举办者的出资应当为重新登记后法人的注册资本和实缴资本,除财政投入、社会捐赠等按照相关规定处理外,经清算确认的所有资产及其相关权利义务由重新登记后的法人承继;符合条件的,依法享受相关税费优惠政策。其中,主要实施高等学历教育的学校,应当在2021年12月31日前完成上述工作;其他学校应当在2020年12月31日前完成上述工作。"[1]从上述政策可知,上海市基本沿袭了国家政策的分类登记标准,将法人属性分为营利性和非营利性两类。目前,上海市民办高校已全部完成分类登记。其他地区的分类管理政策在分类登记制度上有些许区别。例如陕西省规定捐资举办、出资举办不要求取得合理回报的学校,登记为民办自收自支事业单位法人;出资举办要求取得合理回报的学校登记为民办非企业法人;营利性学校由陕西省教育厅审核后,在陕西省工商行政管理局依法登记注册为企业法人[2]。

总体而言,各省(市)根据省(市)情及民办高校的特殊性,将国家层面颁布的分类登记制度进行因地制宜的结合、优化,但大都延续了国家政策的制度框架,并在省(市)级层面主要进行了进一步细化和创新。

三、税收优惠制度

民办高校税收相关政策主要涉及企业所得税、增值税、房产税、城镇土地使用税等。首先,根据《中华人民共和国企业所得税法》(简称《企业所得税法》)第二十八条规定,国家需要重点扶持的高新技术企业,可以享受减按15%的税率征收企业所得税的优惠[3]。对于民办高校而言,如果科研实力

---

[1] 上海市人民政府.关于印发《上海市民办学校分类许可登记管理办法》的通知[EB/OL].(2017-12-26)[2024-05-16].https://www.shanghai.gov.cn/nw41430/20200823/0001-41430_54536.html.
[2] 陕西省人民政府.关于进一步支持和规范民办高等教育发展的意见[EB/OL].(2012-01-16)[2024-05-16].http://www.shaanxi.gov.cn/zfxxgk/fdzdgknr/zcwj/nszfwj/szf/202208/t20220808_2237810_wap.html.
[3] 中国人大网.中华人民共和国企业所得税法[EB/OL].(2018-12-29)[2024-05-20].http://www.npc.gov.cn/zgrdw/npc/xinwen/2019-01/07/content_2070260.htm.

强，符合国家高新技术企业的认定标准，就有可能申请到这一税收优惠政策。其次，对于非营利性民办高校而言，《民办教育促进法》第四十七条规定，可以享受与公办学校同等的税收优惠政策。这意味着非营利性民办高校在税收方面可以获得与公办高校相同的待遇。再次，关于增值税方面，民办高校提供的教育服务属于生活服务中的教育医疗服务，根据有关规定，一般纳税人提供非学历教育服务，可以选择适用简易计税方法，按照3％征收率计算应纳税额。最后，民办高校自用的房产、土地，如果符合相关规定，也可以享受免征房产税、城镇土地使用税的优惠。需要注意的是，如果民办高校产生办学结余，可能涉及企业所得税的缴纳。根据《中华人民共和国企业所得税法》的规定，企业和其他取得收入的组织为企业所得税的纳税人，应当依照法律规定缴纳企业所得税。对于营利性民办高校，有学者认为也应该享受税收优惠，这是由教育的"政府责任产品"属性所决定[1]。

总体而言，民办高校在税收方面可以享受一定的优惠政策，但具体优惠的幅度和范围需要根据学校的性质、运营情况及国家的相关法律法规来确定。2023年6月30日，国家税务总局发布了《支持教育事业发展税费优惠政策指引》，对支持教育事业发展的主要税费优惠政策进行了梳理。该政策规定："非营利性学校承受用于公办、教学、科研的土地、房屋权属免征契税。"营利性民办学校承受该类不动产仍需缴纳契税，所以非营利性民办学校转为营利性民办学校过程中，部分地方税局要求缴纳契税。[2] 这也是很多民办高校面临"营非选择"时犹豫不决的原因，尤其是营利性民办高校。民办高校选择营利性，意味着其会丧失诸多税收优惠政策，甚至还要补缴很多税费，这大大提高了营利性民办高校的办学成本及办学风险。

在《民办教育促进法》颁布之前，民办高校一律注册登记为民办非企业

---

[1] 吴华，王习.营利性民办学校应该享受税收优惠[J].中国教育学刊,2017(3):14-18.
[2] 中国政府网.支持教育事业发展税费优惠政策指引[EB/OL].(2023-06-30)[2024-05-20]. https://www.gov.cn/zhengce/202307/P020230703502418087654.pdf.

单位法人,公办学校一律注册登记为事业单位法人,属性的不同导致民办高校难以同公办学校享受同等的法律地位。也就是说,虽然法律早已赋予民办高校享受税收优惠的权利,但在实际操作中,一些地方税务部门仍按企业标准向民办高校征收税费,增加其办学成本,加重其办学负担。这主要归因于两点:第一,免税政策的不适用;第二,法人身份的不对接[①]。为了完善民办高等教育分类管理政策中的税收优惠政策,笔者认为应贯彻差异扶持与统一扶持相结合的原则。无论是公办高校还是民办高校,都是社会主义教育事业的重要组成部分,公益性是两者的共同属性,即教育的基本属性是公益性。因此,无论是国家政策还是地方政府,都有义务扶持民办高校的发展。首先,要摒弃民办高校分类管理政策出台之前的"一刀切"政策,对营利性民办高校和非营利性民办高校进行差异化扶持,要了解两类学校不同的税收优惠诉求,有针对性地出台税收优惠政策。其次,对非营利性民办高校进一步落实与公办高校同等的税收政策,进一步减轻非营利民办高校的办学成本与办学负担,促进非营利性民办高校的发展。最后,对营利性民办高校的税收优惠扶持要明显区别于一般企业的税收优惠,加大减征的税费额度与类别。除此之外,还应当出台统一的优惠政策,以确保营利性民办高校与非营利性民办高校享受一些共性的优惠政策。例如,民办高校的土地、房屋用于教学的,免征契税;投资举办民办高校免征土地增值税。这样不仅可以增强社会力量投资办学的积极性,还能最大限度地引导和保障民办高校的公益性。

四、人事保障制度

近期,部分民办高校发布招聘公告,招聘事业编制人员。例如,某高校2024年公开招聘的教师简章中提及,该市政府给予学校一线教师全额事业

---

① 王健.分类管理制度下民办学校税收政策的完善[EB/OL].(2017-01-18)[2024-05-21].http://www.shmbjy.org/item-detail.aspx? NewsID=7040.

第三章　我国民办高等教育分类管理的制度与实施

编制支持,依据相关政策,给予解决事业编制。另外,某些民办高校在高层次人才竞争中,明确提出入职即给事业编,无"非升即走"要求。这类民办高校多为非营利性民办高校。由于其举办者不取得办学收益,学校的办学结余继续投入教育,形成的资产为学校法人所有,因此,一些地区的政府为了支持本地高等教育的发展,会帮助部分非营利性民办高校解决编制问题。例如,浙江树人学院是浙江省政协领导、浙江省教育厅管理的民办非营利性事业单位法人,教师队伍的事业编制是由浙江省委编办核定的;潍坊食品科技职业学院的法人属性为民办非营利,实行省市两级管理、以潍坊市为主的管理体制。另有部分高校提供给高层次人才或特需人才事业编制,如信阳市机构编制委员会曾给信阳学院近百个事业编制指标,用于引进急需高层次人才,南宁学院也得到了南宁市委编办的支持。

除了事业编制外,部分民办高校人事保障采用报备员额,即享受国家规定的事业单位工作人员相关工资福利待遇,但不是真正的编制。例如,泉州市为推动该地非营利性民办高校师资队伍建设,加强非营利性民办高校教师报备员额管理,解决非营利性民办高校拔尖、高端人才引进难、留不住等突出问题,泉州市人力资源和社会保障局于 2023 年发布了《泉州市非营利性民办高校教师报备员额管理办法(试行)》规定,根据民办高校的行业属性、发展状况等因素,核定一定数量的报备员额指标,原则上不超过应配备专任教师数的 10%,实行单列、动态管理,而纳入民办报备员额管理后,薪酬待遇由用人单位保障,其职称评审、工龄和教龄计算参照公办高校同类在编教师相关政策执行[①]。

关于民办高校教师待遇问题,国家早已明确非营利性民办高校与公办高校享有同等待遇,按照税法规定进行免税资格认定后,免征非营利性收入

---

① 泉州市人力资源和社会保障局.泉州市非营利性民办高校教师报备员额管理办法(试行)[EB/OL].(2023-10-05)[2024-05-21]. https://rsj.quanzhou.gov.cn/zwgk/zxdt/tzgg/202310/t20231012_2951091.htm.

的企业所得税。民办高校教师在资格认定、职务评聘、培养培训、评优表彰等方面与公办学校教师享有同等权利。从省份看,山东省教育厅 2022 年部分专项资金分配方案明确,划拨民办高校基础能力建设工程资金 8000 万元,从非营利性民办高校中择优奖补予以支持。其中民办高校考核奖补助安排 7600 万元,非营利性民办高校教师养老保险与公办学校同等待遇,奖励安排 400 万元。从高校看,湖南信息学院实行教职工在职高于及退休不低于同城同层次公办学校薪酬保障制度,突破了民办高校人才引进的编制障碍,改变了因编制而造成的公办、民办退休差异现状。近年来,各个民办高校都颁布了保障教职工薪酬福利待遇的政策,部分营利性民办高校甚至采用年薪制,高薪吸引高端人才,使民办高校在区域人才竞争中保持相对优势。

第三节 我国民办高等教育分类管理政策执行

一、整体政策执行阻滞

民办高等教育分类管理政策是新阶段党中央积极回应人民关切、加快推进高等教育现代化的创新之举,但不可否认的是,其政策执行面临层层阻滞,这主要因为以下几个方面的博弈。

首先,在民办高等教育发展中,政府一直是社会利益的代表和教育事业的主要管理者,直接参与调解和管理。政府既要保证国家教育主权、政治方向,也要尽可能地提供数量更多和类型更丰富的教育资源,以满足社会需求。同时,政府要协调各方关系,规制和杜绝民办高校的过度营利行为。民办高等教育政策几经变迁,从《社会力量办学条例》《民办教育促进法》《民办教育促进法实施条例》到相关配套文件,都坚持和明确"不得以营利为目的"的核心政策理念,相关条文也都贯彻这一精神,因此这些法律和政策出现执

第三章　我国民办高等教育分类管理的制度与实施

行阻滞也是意料之中的现象。对举办者而言,既然是投资办学,就必然要营利,营利既是办学的动机,也是办学的动力,还是可持续办学的路径,可见营利是举办者办学的"共性"。《民办教育促进法》赋予营利性民办学校合法地位,举办者通过办学获取经济利益,主要表现为追求成本的最低化和经济效益的最大化,这就使营利与质量成为营利性民办高校办学中难以调和的矛盾。在民办高等教育分类管理政策执行过程中,如果政策对营利有利,执行就会比较顺畅;反之,就很可能遭到消极执行甚至抵抗,造成政策执行阻滞。例如,"不得以营利为目的"的法律规定在一定程度上忽视了举办者的利益诉求,也一度与"合理汇报"政策及其办学实践相脱节。

其次,民办高校办学资金来源单一,主要依靠收取学费来归还贷款、支撑基建和维持运行。有学者指出,学费及住宿费占民办高校办学经费总收入的82%[1]。因此,民办高校的学生不仅是民办高等教育资源的享用者,也是学校的主要投资者。当学生认为一些政策的实施可能导致学校过度营利、自身学习资源受到挤占、相关利益受到损害时,这也可能导致政策执行阻滞。例如,独立学院转设有可能使转设后的高校更加"资本化",遭到学生和家长的强烈抵触。2021年发生的独立学院转设风波[2],就是由某高校拟转为企业控制而引发的,这种转设可能促使学校成为营利性高校,利润输出可能导致学习资源减少和教学质量下降,损害受教育者的利益,因而学生们采取了过激行为阻止政策的执行。

最后,民办高校的长远可持续发展必然需要尊重教育规律和大学基本规范。尽管教育行政部门对办学规范形成了一系列政策,但教育规律与市场规律之间固有的矛盾始终存在。由于经费有限,营利性民办高校既要满足举办者的营利要求,也要符合政策规定的办学规范,只能从两者之间寻找

---

[1] 徐绪卿.民办院校办学体制与发展政策研究[M].北京:中国社会科学出版社,2018:261.
[2] 2021年夏,在浙江、江苏等地发生了由独立学院转设为民办高校、独立学院与公办高职院校联合转设为职业大学而引发的舆情风波。

平衡,但往往顾此失彼、难以调和,使政策执行受到阻滞。为保证营利,营利性民办高校在维持办学业务经费必要开支的基础上,可能会尽量压缩一些非教学业务经费,而教育行政部门对办学的各个方面都有规范政策。例如,教辅人员、思政人员需要达到一定的人数,人员经费也要列入预算;生均图书设备都要达标,否则要被挂"黄牌"甚至减少招生名额;学生奖助学金等需要足额提取。在这种情况下,营利性民办高校就陷入了营利和质量难以兼顾的困境,若要完全达到教育行政部门的要求,就可能出现利润微薄的情况;若要确保较高利润,教学投入就达不到要求,通不过评估。有些民办高校为了通过教育行政部门的审核评估,往往采取临时招聘人员、应急安排预算等短期行为。可见,教育行政部门对民办高校业务指导的相关政策,实际上也普遍存在执行阻滞的情况。在民办高等教育分类管理政策制定和执行的过程中,政府、举办者和学生等利益相关者都在博弈,以获得自身利益的最大化。

二、各省推进快慢不一

虽然民办高等教育分类管理政策整体执行阻滞,但从全国范围来看,各省市仍取得了一些成效,主要表现在以下几个方面。

第一,各省市积极响应国家政策,出台了省(市)级政策及相应的配套文件。例如,广东省出台了"1+5"的政策体系[①];浙江省出台了"1+7"的政策体系;上海市出台了以《关于促进民办教育健康发展的实施意见》(简称《实施意见》)和《民办学校分类许可登记管理办法》(简称《管理办法》)两个文件为主的政策体系。有学者统计,截至 2018 年 8 月底,全国 25 个省域政府发布了地方政策,其在国家政策的制度框架下积极探索地方民办高等教育分

---

① 该政策体系以《广东省现有民办学校分类选择登记实施办法》为主,以《广东省民办学校财务清算办法》《广东省现有民办学校补偿或奖励办法》《广东省现有民办学校退出办法》《广东省民办高校财务监督管理暂行办法》《广东省民办学校信息公开办法》五个政策为辅。

类管理的政策空间①。以上海市为例,在以上位法律法规规定为依据的前提下,上海市结合上海市民办教育管理工作实际,广泛深入征求各方意见,稳慎研制出台该市的配套政策。《实施意见》包含十一部分共四十条,提出了上海市民办教育发展的总体要求,并围绕加强党对民办学校的领导、推进民办学校分类管理改革、鼓励社会力量办学、完善政府扶持政策、落实现代学校制度、强化规范发展、提高办学质量、保障师生权益、提升管理水平、发挥各方作用等方面进行细化落实。《管理办法》分八章四十条,主要明确各级各类民办学校到哪里许可登记,如何许可登记及现有民办学校如何过渡等事宜,并对部门职责分工、学校法人治理结构、现有学校过渡后终止的补偿奖励等方面做了进一步细化。

第二,部分省市已完成或基本完成了分类管理。例如,上海市设置的过渡期最短,要求2018年底做出"营非选择"。目前,上海市民办高校已全部完成"营非选择"。除了上海市以外,黑龙江省、海南省、重庆市、云南省、甘肃省等地区的民办高校均设置了5年过渡期,现已基本完成分类管理。就其选择而言,大部分省市的民办高校选择了非营利性民办高校,仅有少部分选择了营利性的办学属性,如上海建桥学院、上海工商外国语职业学院、上海思博职业技术学院、云南理工职业学院、哈尔滨北方航空职业技术学院等。

第三,部分省市尚未完成分类管理。例如,北京市、河北省、山东省、福建省、河南省、浙江省、贵州省、陕西省等诸多省市。虽然这些省市的过渡期都已过,但是仍有很多民办高校并未进行"营非选择",始终持观望的态度。以浙江省为例,浙江省除了颁布《浙江省人民政府关于鼓励社会力量兴办教育促进民办教育健康发展的实施意见》之外,浙江省教育厅、财政厅等部门还相继出台了多项配套政策,涉及民办学校办学自主权、民办学校教师队伍建设、公共财政对民办教育的扶持方法、民办学校财务管理办法等多个方

---

① 王慧英,黄元维.地方民办教育分类管理新政:现状、难点议题与治理策略——基于25个省(自治区、直辖市)民办教育新政实施意见的文本分析[J].现代教育管理,2019(3):56-61.

面。"1+7"的政策体系除了明确民办学校分类扶持办法之外,还针对长期存在的问题做出了规范,如民办学校大量占用公办学校教师、民办学校教师待遇长期不及公办学校教师等问题。浙江省整个配套政策的执行难度非常大,尤其涉及民办学校资产清算、补偿、奖励等核心关切问题,一旦动作太大,往往会引起学校甚至社会的不稳定。

第四,一些省市部分完成、部分未完成分类管理,如天津市、安徽省、山西省、湖南省、吉林省等。以安徽省为例,近一半的民办高校尚未完成"营非选择",有46.43%的民办高校选择非营利性,仅1所民办高校明确选择营利性[①]。

第五,一些省市的部分高校转为公办院校。以湖南省为例,截至2023年6月15日,湖南省民办本科高校共计21所,其中独立学院14所,有7所独立学院转设为公办院校,如湘潭大学兴湖学院、湖南工业大学科技学院、湖南师范大学树达学院等;4所独立学院转设为民办非营利性院校,如湖南文理学院芙蓉学院、湖南工程学院应用技术学院、湖南中医药大学湘杏学院等;2所独立学院转设为民办院校,但未明确"营非"属性,即衡阳师范学院南岳学院、吉首大学张家界学院;1所独立学院既未明确转设为公办或民办,也未明确"营非"性质,即湖南科技大学潇湘学院。其余7所非独立民办本科高校中有1所登记为营利性,即湖南涉外经济学院;5所选择登记为非营利性,即湘潭理工学院、湖南应用技术学院、湖南信息学院、湖南交通工程学院和湖南软件职业技术大学;剩余1所是长沙医学院,虽未确定"营非选择",但其在实际操作中更倾向于营利性。

三、非营利性高校占主体

非营利性民办高校具有以下特点:第一,公益属性,其办学宗旨是服务社会,提高教育质量,推动教育事业发展。它们通常不以营利为目的,而是

---

① 杨程.民办高校分类管理的发展态势、现实困境及推进策略[J].中国高教研究,2023(5):55-62.

第三章　我国民办高等教育分类管理的制度与实施

将学生学费、住宿费等收入用于改善教学设施、提高教师待遇等方面，取之于学，用之于学。第二，独立的法人资格，可以依法自主管理、自主颁生、自主设置专业、自主颁发学历证书等。第三，政府支持，在教育行政部门或人力资源和社会保障部门申办《办学许可证》后，还可以享受政府的政策支持，如免税、政府补贴等。第四，严格的监管，非营利性民办高校需要接受教育行政部门严格的监管，包括教学质量、招生宣传、收费标准等方面。

上述非营利性民办高校的特点使该类学校性质成为各个民办高校的首选，尤其是国有民办型高校、公益宣示型民办高校、获得划拨土地的民办高校①。第一种国有民办型高校是指建校之初学校的性质就属于捐资办学的民办高校，即国有资产的一部分，那么该类学校在分类管理政策颁布后自然选择非营利属性。例如，浙江树人学院是由浙江省政协创立、省政府协调建设、省教育厅主管的社会力量举办的民办高校，其历任校长通常由政府选派，因此该校在"营非选择"中肯定选择非营利的办学属性。第二种公益宣示型民办高校是指那些建校之初就宣称为国办学、坚持公益的老牌民办高校，尤其是在20世纪80年代国家经济落后之时，一批爱国知识分子率先创办的民办高校，如西安培华学院、西安翻译学院等。这类高校早已宣示了其公益属性，在面临"营非选择"之际，如若选择营利性，不免招致外界苛责与诟病。第三种获得划拨土地的民办高校，很多都是政府"交钥匙"工程②，如若选择登记为营利性民办高校，那么这类高校需要补缴土地出让金，这对学校而言是极大的经济负担。因此，这类学校通常在面临"营非选择"时，大多选择非营利的办学性质。

以陕西省为例，该省共有民办本科高校9所、高职高专院校9所，独立

---

① 王一涛.高质量发展背景下我国民办高校分类管理的困境与突破——基于举办者的视角[J].现代教育管理，2023(11):53-62.

② 此类学校很多都与当地政府有着千丝万缕的联系，有些学校的创办就是当地政府为了发展该地区高等教育资源，促进经济发展而扶持建设的。因此，该类型民办高校在分类管理政策落实时能较为明确地选择非营利性的办学性质。

学院12所,在校生30余万人,生均规模达到万人以上,另有20余所非学历高等教育机构[①]。陕西省民办教育具有办学起步早、历史积淀久、学校声誉高等特点,在分类管理政策执行过程中,该省具有选择非营利性办学属性的典型性。这主要归因于以下几点:第一,非营利性办学理念历久弥新,始终贯穿于陕西省民办高校40多年的发展历程中。陕西省民办高校大多建于20世纪80年代,自建校之初,各民办高校就提出要确保教育的公益属性,非营利办学一直是举办者贯彻的办学准则。因此,陕西省民办高校具有很好的非营利性办学传统。第二,日积月累滚动发展模式形成的资产占总资产的主体。也就是说,陕西省民办高校的办学规模并非一蹴而就的,也不是举办者一次性的巨额投资,而是依靠逐年滚动积累形成的。如果选择营利性办学,那么民办高校要对现有的资产积累进行分割,才能取得少量合理回报。在此境况下,很多民办高校不如完全放弃,选择非营利性的办学属性。第三,政府资助额度超过举办者出资额度。从2012年开始,陕西省政府每年投入3亿元专项资金扶持民办高校发展,目前已经累计投入数十亿元,平均每所民办高校获得将近1亿元的政府资助,甚至多者已获得近2亿元。也就是说,陕西省逐年累计的财政支持总资金额已远超民办高校原始出资额和累计出资额,如果在此背景下民办高校选择营利性办学,那么不得不面临偿还政府专项资金的问题,这对很多民办高校而言很难做到。第四,社会认可度上更倾向于选择非营利性办学。陕西省很多民办高校曾就"营非选择"做过内部调研,结果95%的教职工倾向于选择非营利性,而学生一致认为应走非营利性办学之路。因此,非营利性的办学之路是陕西省民办高校的现实选择。

总体而言,已经完成"营非选择"的民办高校多数都选择了非营利性的办学性质。这主要归因于以下几个方面:其一,非营利性民办高校拥有更多

---

① 李维民.陕西民办高校营利性、非营利性选择研究[J].黄河科技大学学报,2018,20(2):1-6.

国家政策支持,如税收优惠、土地优惠、政府经费等。其二,非营利性民办高校拥有更大的办学自主权。由于其办学结余全部用于办学,所以在专业结构设置、教师队伍优化、学生管理、实习实训等方面有更多的自主权。其三,非营利性民办高校更容易获得社会公众、家长、学生等利益相关者的认可,更易获得生源。

四、营利性高校尚属少数

营利性民办高校具有以下几个典型特征:其一,举办者可以取得办学收益,学校的办学结余依照公司法等有关法律、行政法规的规定处理。也就是说,营利性民办高校可以自主决定收入的使用,可以用于自身发展,也可以用于投资,还可以进行结余分配。其二,营利性民办高校面向市场,由市场调节,收费标准也可自主决定,不受政府指导价制约,更加注重市场化运作,会根据市场需求来调整专业设置、招生策略等,以提高学校的竞争力。其三,营利性民办高校享受国家规定的税收优惠政策,但不同于非营利性民办高校,后者享受与公办高校同等的税收优惠政策。

一项调查研究显示,仅有10.7%的民办高校选择营利性办学[1]。这些营利性民办高校主要为上市民办高等教育集团的成员校,如中教控股集团旗下的江西科技学院、广东白云学院、西安铁道技师学院、白云技师学院等14所民办高校,其中有2所技师学院、8所本专科学校、2所中专和2所国际教育学校[2]。以上海市为例,该市有少数民办本科院校选择了营利性办学,主要基于以下几方面考量:其一,保护既有投资者利益,该类民办高校建校后与公司、集团密切合作,与它们有着千丝万缕的经济联系,这些投资也成为学校重要的办学投入。因此,为了保护这些股东或投资者的合法权益,这类

---

[1] 杨程.民办高校分类管理的发展态势、现实困境及推进策略[J].中国高教研究,2023(5):55-62.
[2] 数据来自中教控股招股书。除了中教控股集团下的民办高校,还有宇华教育旗下的山东英才学院、郑州工商学院、湖南涉外经济学院、郑州软件职业技术学院等。

民办高校不得不选择营利性办学。其二,高等教育多元化的必然要求使营利性民办高校得以生存,另外受教育者多元化需求也为营利性民办高校办学提供了机遇。其三,国家政策为营利性民办高校办学提供了法律保障,也鼓励部分民办高校进行营利性办学探索,使中国高等教育多样化。

总体而言,营利性民办高校多为上市公司旗下的高等教育集团成员校,也有以下几方面积极效应。

首先,有利于拓展融资渠道、打破融资困境。长期以来,民办高校的办学经费主要来自学费、住宿费等内源性融资渠道,社会捐助、政府补贴或银行贷款等外源性融资渠道不畅[①]。在内外双重困境中,民办高校要想突破融资瓶颈,必须积极拓展外源性融资。上市是营利性民办高校拓宽融资渠道的创新探索,它能使学校快速从资本市场筹集到资金,打破融资难的现实困境。例如,中教控股2017年在港交所上市后融资30亿港元[②]。这些融资使其旗下民办高校获得了大量办学经费,可用于提高师资水平、完善教学设施和提高办学实力等。

其次,有利于提高办学声誉、提升品牌知名度。无论是境内还是境外,民办高校上市的条件都比较严苛,只有自身运营状况良好的民办高校才会选择上市。因此,上市行为本身已经彰显了民办高校的办学实力与形象,也从侧面反映出民办高校对自身价值的信心。上市对扩大民办学校影响力、提升品牌价值具有积极意义。例如,新高教集团形成了以培养高质量技术技能人才为目标特色的高等职业教育品牌;中教控股形成了"引领教育卓越与创新"的高等及中等职业教育品牌;民生教育形成了"普通高等教育+职业教育"双轮驱动、"校园教育+在线教育"融合发展的特色品牌。

---

① 黎红艳.上市民办高等教育集团业绩提升的瓶颈与对策[J].浙江树人大学学报,2020,20(1):20-24.
② 21世纪经济报道.民办高校上市图谱:20余家高教集团上市,教育资本化需防控风险[EB/OL].(2021-10-21)[2024-05-29]. https://baijiahao.baidu.com/s? id=17142186047375892738&wfr=spider&for=pc.

第三章　我国民办高等教育分类管理的制度与实施

再次,有利于提高治理水平、推动结构变革。民办高校上市后需接受市场这只"看不见的手"的调控,这倒逼民办高校完善内部治理结构,如财务状况、资金用途、运作方式等,进一步推动民办高校的规范化治理。我国民办高校上市多以集团化模式运营,这种模式使民办高校的治理结构更加规范、透明、完善[1]。上市后的民办高等教育集团必须定期披露旗下所有民办高校的运营情况,股民、媒体甚至一般公众都可以从集团官网、证券交易所网站等平台了解民办高校的运营情况,如生师比、教学硬件设施配备、师资水平、办学经费投入、毕业生就业率、用人单位满意度等。在资本市场这种相对完善的监管体系下,民办高校只有不断完善治理体系,才能在激烈的竞争中保持良好的运营状态。

最后,有利于促进内涵式发展、实现阶段跃迁。上市后的民办高校既要遵循教育逻辑,接受教育行政部门、学生和家长等利益相关者的监督,又要遵循市场逻辑,接受市场规律、新闻媒体、社会公众的考验。只有恪守育人使命,始终聚焦内涵式发展,不断提高学校办学质量与口碑,才能实现人才培养与学校发展的阶段化跃迁。上市后的民办高校在经过阶段性规模扩张之后,终会回归到内涵建设之中[2]。

第四节　我国民办高等教育分类管理政策困境

一、顶层设计尚待完善

民办高等教育分类管理政策是我国高等教育的一项创新探索,没有成

---

[1] 钟秉林,周海涛,景安磊,等.民办高校集团化办学的发展态势、利弊分析及治理路径[J].中国高教研究,2020(2):29-32,39.

[2] 周朝成,韩晓敏.民办高校上市融资行为的理性分析[J].浙江树人大学学报,2022,22(6):20-26,83.

熟的经验可供参考,只能不断摸索前行。因此,目前国家层面颁布的政策只是民办高等教育分类管理的政策导向,顶层设计尚不完善。另外,由于各省区、市情况差异很大,民办高等教育管理政策更需要各省、区、市的自主创新,在国家大的政策框架下,积极探索本地区的民办高等教育分类管理政策。目前,从宏观层面讲,分类管理政策在落实过程中存在以下几方面问题。

首先,政策与实践之间存在矛盾冲突。例如,《教育法》《高等教育法》《民办教育促进法》等一系列法律法规都赋予了民办高校与公办学校同等的法律地位,但实践中却存在诸多不公平现象。再如,虽然民办高校在分类管理政策落实之前都以民办非企业单位的法人属性进行注册登记,但仍出现了与《公司法》《企业所得税法》等法律法规相撞的情况。2022年4月,长沙医学院被勒令补缴3亿元税款的新闻引发轩然大波。长沙市税务局第三稽查局突然向非营利性民办高校学生学费、住宿费征缴25%企业所得税和滞纳金。为此,长沙医学院和长沙市税务局展开论争。前者认为,长沙医学院应当与公办高校一样,享受免征学费收入企业所得税的优惠政策。教育部在2021年7月18日函中已经明确,非营利民办学校是在民政部门登记的民办非企业单位,非营利性民办学校属于享受税收优惠的"符合条件的非营利组织"①。长沙市税务局回应称,长沙医学院是民办高校,没有办理"非营利组织"的证明,两个部门之间就出现了分歧。也就是说,即使是非营利组织,也需要按照税收规定办理非营利组织证明,才可以享受企业所得税免税的优惠,而不是所有非营利性组织必然享受免税待遇。由此可知,不同法律之间存在矛盾冲突,导致执法部门难以公平执法。对于税务机关而言,应配套出台相应文件,保障教育法与税法相互衔接。

其次,政策空白亟须填补。分类管理政策颁布后,很多人对营利性民办

---

① 马贤兴,胡肖华. 长沙民办高校"天价税案"引争议[EB/OL]. (2023-06-26)[2024-05-30]. https://k.sina.com.cn/article_7822605394_1d2437c5202001b1ua.html.

第三章　我国民办高等教育分类管理的制度与实施

高校办学的公益性问题存疑,担心其一味地追逐利润,从而忽视办学质量的提升。因此,国家层面针对营利性民办高校专门出台了《营利性民办学校监督管理实施细则》①,加强对营利性民办高校的监管,但是并未出台任何针对非营利性民办学校的监管制度。另外,针对变更登记、资产清算、税费免补等的细则也并未出台,导致各省、区、市互相观望,没有参照框架,无法制定各省、区、市的相关政策。诸如此类的空白点、不完善点首先需要国家层面出台相应的政策框架,并适度授权给各省、区、市一定的政策空间,逐渐完善顶层设计才能不断推动分类管理政策的有效落实。目前,与分类管理政策相关的很多具体细则尚未出台或过于宽泛,更加细化、可操作的政策亟待颁布。

二、扶持政策尚需明确

"差异化扶持"是分类管理政策的核心关键词,也是区分非营利性与营利性民办高校的重点。目前,分类管理政策突出了对非营利性民办高校支持的导向,在财政、土地、税收等方面给予扶持,但营利性民办高校并未获得差异化扶持政策的支持。然而,无论是非营利性民办高校还是营利性民办高校,都是社会主义教育事业的重要组成部分,都要满足教育的公益属性及多样化需求。因此,不能将营利性民办高校等同于企业法人②,而忽视其立德树人、培养社会主义建设者和接班人的内在公益属性。当然并非所有营利性民办学校都和民办高校类似,如社会上普遍存在的非学历教育培训机构公益性明显弱化,营利性更为凸显,因此应该将学历教育营利性民办高校和非学历教育培训机构进行区分,前者已经被法律赋予了公益属性,理应享有国家相关差异化的扶持政策。

---

① 教育部,人力资源社会保障部,工商总局.关于印发《营利性民办学校监督管理实施细则》的通知[EB/OL].(2016-12-30)[2024-05-30]. https://www.gov.cn/gongbao/content/2017/content_5216442.htm.

② 胡卫,张歆,方建锋.营利非营利分类管理下民办学校税收问题与建议[J].复旦教育论坛,2020,18(4):79-84.

目前,民办高等教育分类管理政策已初步建立了如下差异化扶持政策。在财政政策方面,公办高校以国家财政拨款为主、其他多渠道筹款为辅;非营利性民办高校除了享受营利性民办高校的扶持政策之外,还享受政府补贴、基金奖励、捐资激励等扶持政策;而营利性民办高校享受县级以上人民政府购买服务、助学贷款、奖助学金等扶持措施。在税收政策方面,公办学校按照税收关于教育方面的法律法规及财政部、国家税务总局等制定的具体规定享受税收优惠;非营利性民办高校享受与公办学校同等的税收优惠政策;而营利性民办高校享受国家规定的税收优惠政策。在土地政策方面,公办学校由区域人民政府统筹安排学校建设所需的土地、物资,并且予以优先安排;非营利性民办高校享受与公办学校同等的土地优惠政策,以土地划拨等方式予以用地优惠;而人民政府按照国家相关规定对营利性民办高校供给土地,土地价格相较于其他企业用地而言会有所优惠。在收费标准方面,公办学校学费按国家有关规定公开收费;非营利性民办高校在核准办学成本、市场需求等各类因素后,由省级人民政府统一规定学费价格;而营利性民办高校享有高度的自主权,可以根据市场调节,自主决定学费价格。在办学结余方面,公办学校办学经费大部分来源于国家财政拨款,按照专款专用的原则使用;非营利性民办高校不能取得办学收益,但在办学终止时可以得到相应的补偿或奖励;营利性民办高校可以取得办学结余,办学收益可以按照《公司法》等法律法规进行处理[①]。

三、举办者顾虑难消除

举办者是落实民办高等教育分类管理政策的最重要决策者,他们的态度往往决定着学校的"营非选择"走向。众所周知,一所民办高校办学属性

---

① 杨程.民办学校分类管理"同等法律地位"与"差别化扶持"政策研究[J].教育科学研究,2019(10):21-26.

第三章　我国民办高等教育分类管理的制度与实施

的确立,举办者拥有强大的话语权。如果举办者不想、不愿改变办学模式,不进行"营非选择",那么分类管理政策就会始终浮于表面,难以真正落实。

首先,举办者对分类管理政策存在不同的认知与误读。分类管理政策是对民办高校可持续健康发展的引导规范性文件,也是对民办高校长期发展过程中存在的各种不规范行为的纠偏。该政策的颁布无疑是民办高等教育领域的重磅之举,使诸多民办高校举办者或震惊、或焦虑、或欣喜。有的举办者担心选择"非营利性"后,会丧失办学收益的支配权;有的举办者担心选择"营利性"后,招生指标、社会声誉、政策优惠、扶持补贴等方面会受损;还有的举办者持中立态度,觉得保持现状就是对目前政策不明朗情况的最好应对。

其次,举办者作为政策目标群体调适幅度大。中国民办高等教育是在国家鼓励社会力量参与办学的基本国情下恢复发展起来的,因此,民办高校多数具有投资办学的性质,既然是投资办学,那么举办者自然希望从中获利。分类管理政策则进一步使模糊状态下的民办教育政策清晰化,明确了仅有营利性民办高校可以获得收益,非营利性民办高校即使有办学结余也要全部用于学校后续发展。因此,这与举办者投资办学的初衷相悖,选择非营利性意味着举办者利益调适的幅度很大,担心自身利益受损。

再次,举办者难以平衡各方利益。分类管理政策的落实无论是在宏观、中观还是微观层面都涉及众多的利益相关者,不仅人数众多,而且构成复杂。一项调查显示,民办高校中30%属于个人办学,30%属于企业办学,10%属于国有民办,10%属于共同治理,20%属于股份制[①]。因此,不同类型的学校举办者诉求不一且存在很大的差异,举办者很难平衡各方利益,政策执行容易陷入僵局。

最后,举办者内生动力不足。举办者对民办高等教育分类管理政策持

---

① 余宇,葛延风,阚明坤,等.民办高校如何走出"营利与非营利"选择困境[EB/OL].(2021-02-20)[2024-06-03]. https://sutt.suda.edu.cn/08/51/c23313a460881/page.psp.

观望态度,归根结底在于举办者自身动力不足,目前的政策前景不明、配套不全,导致举办者没有积极性。没有人能给予民办高校"营非选择"后一个明确的发展前景,却面临诸多难题需要一一攻克,因此他们宁可观望,看后续其他学校的选择,也不愿主动做出改变。一项针对民办高校举办者对分类管理政策的态度进行的专项调研发现,仅20%的举办者认为分类管理是必要的,而80%的举办者不赞成分类管理,认为"时机不成熟"[①]。可见,多数举办者并不认同分类管理政策,这导致该政策的执行动机不强,阻力很大。

总体而言,举办者心理处于矛盾状态,对"营非选择"有多重担忧[②]。在此背景下,甚至有学者提出混合型民办高校,即"第三条道路"[③]。

四、统筹协调难落实

民办高等教育分类管理政策的落实除涉及教育部门,还涉及很多其他部门,如税务、财政、土地规划、审计、人保、民政、物价等部门。也就是说,单单靠教育部门无法推动民办高等教育分类管理政策的有效落实,必须多部门协同联动、各司其职、统筹协调,才能推动该政策不断完善落实。

首先要明确国家、省、市各级政府的职责,建立健全政策体系,强化分类管理政策的衔接协同。其次是具体落实由地方政府统筹教育、税务、民政、财政等部门出台具体政策或细则,抓好落实,从而更好地调动民办高校落实分类管理政策的积极性。教育部门负责民办高校的管理,教育主管部门负责对民办高校进行审批、监督和管理,确保其符合国家和地方的相关法律法规;民政部门负责民办高校的注册和备案,对民办高校的办学资格进行审

---

① 余宇,葛延风,阚明坤,等.民办高校如何走出"营利与非营利"选择困境[EB/OL].(2021-02-20)[2024-06-03]. https://sutt.suda.edu.cn/08/51/c23313a460881/page.psp.

② 陈彬.民办高校该如何"分类管理"[EB/OL].(2015-04-23)[2024-06-03]. https://news.sciencenet.cn/sbhtmlnews/2015/4/299321.shtm?id=299321.

③ 别敦荣.论民办教育发展的第三条道路[J].华中师范大学学报(人文社会科学版),2012,51(3):137-142.

第三章 我国民办高等教育分类管理的制度与实施

核,颁布《社会团体登记证书》或《非营利组织登记证书》等相关证件;教育行政执法机构负责依法对违反教育法律法规行为进行查处和处理,如果发现某个民办高校存在违规行为,如招生不合规、虚假宣传、收费不合理等问题,教育行政执法机构可以对其进行处罚;监督检查机构负责对各类民办高校进行监督检查,如果发现某个民办高校存在安全隐患、师资力量不足等问题,监督检查机构可以要求其整改或采取其他措施。

目前,各个部门之间难以形成合力的主要原因是对分类管理政策的认知缺乏共识,部门壁垒没有打通[①]。相关部门没有有效地担负起分类管理政策落实的自身职责,也没有理顺各部门之间的协同工作机制,导致出现各个部门相互推诿、观望等现象。良好的制度约束、多元的政策联动是保障民办高等教育分类管理政策长效落实的外部条件,也是减少或规避不必要阻滞行为的有效策略。民办高等教育分类管理政策执行阻滞不仅是一个嵌套在我国高等教育整体发展大局中的教育问题,而且是一个嵌套在社会复杂系统中的社会问题。完善的制度保障可以减少或规避不必要的阻滞行为,使该政策执行得更加顺畅。相关部门可以通过灵活多样的方式听取不同利益群体的诉求,征求不同利益群体的意见,集聚民间智慧,弥合决策者与执行者之间的信息鸿沟,整合利益诉求。只有多部门联动、协同整合,才能共同推进民办高等教育分类管理政策的落地[②]。

[①] 阎凤桥.民办教育政策推进为何缓慢?——基于组织行为决策视角的考察[J].华东师范大学学报(教育科学版),2017,35(6):11-17,152.
[②] 徐绪卿,韩晓敏.民办高等教育政策执行阻滞研究[J].浙江树人学院学报,2024,24(1):1-9.

第四章 我国非营利性民办高等教育发展

第四章　我国非营利性民办高等教育发展

第一节　我国非营利性民办高校发展基本状况

在实施分类管理政策之前,我国民办高等学校一直坚持公益性办学,不得以营利为目的。《教育法》《高等教育法》《民办教育促进法》等一系列法律对此都做了明确的规定,我国民办教育属于公益性事业,因此在这一法律框架下,民办高校均不得营利,均属于非营利性学校。虽然2002年颁布的《民办教育促进法》中关于"合理回报"是最具争议的焦点问题,在实际运行中也出现了政策制定非营利性办学初衷设计与民办高校"营利性"发展现实的错位,但是国家各层面法律法规均明确规定不得以营利性为目的,在政策层面,所有的民办高校均为非营利性民办高校,当然不包括民办高等教育机构(主要指培训公司等)。

《教育法》明确规定"不得以营利为目的办学",因此,公益性、非营利性是我国民办高校学校发展的重要坚守,一直到2017年修订后的《民办教育促进法》实施。关于民办普通高校的属性与定位,《民办教育促进法》的第三条中明确阐述为"民办教育事业属于公益性事业,是社会主义教育事业的组成部分"。这一表述相较于1993年的《民办高等学校设置暂行规定》和1997

年的《社会力量办学条例》，更加凸显了民办教育事业的公益性质，并强调了其在维护公共利益方面所肩负的重要责任。自2010年以来，国家陆续出台了一系列政策，引导非营利性民办高等教育发展，主要以《国家中长期教育改革和发展规划纲要（2010—2020）》为核心，具体包括《关于开展国家教育体制改革试点的通知》（2010年）、《关于鼓励和引导民间资金进入教育领域促进民办教育健康发展的实施意见》（2012年）、《中共中央关于全面深化改革重大问题的决定》（2013年）、《国务院办公厅关于政府向社会力量购买服务的指导意见》（2013年）。由此，全国范围内开启了有关民办高校非营利性办学的探索，并在2013年由吉林外国语大学等26所民办高校发起成立了全国非营利性民办高校联盟，目前已有74所非营利性高校加入。在各地政府的积极改革与探索之下，民办高等教育蓬勃发展，已成为社会主义教育事业中不可或缺的改革动力与增长点。然而，随着民办高等教育的迅速扩张，一系列重大问题逐渐浮现，特别是教育法律间及其内部规定的冲突与矛盾，导致非营利性民办高校在办学过程中饱受社会质疑。尤其是关于以非营利办学行营利之实的舆论，让民办高校的办学目的和动机受到社会的普遍质疑，政府教育行政主管部门也受此影响，多持有这种质疑，因此政府的相关扶持政策有时也未能得到有效执行。这些问题的出现，迫使相关部门对教育法律进行必要的修改与完善，为非营利性民办高校的大力发展和积极鼓励提供新的法律支撑和政策指引。

在这个过程中，自《国家中长期教育改革和发展规划纲要（2010—2020年）》提出"积极探索营利性和非营利性民办学校的分类管理"以来，对分类管理的改革讨论一直未间断过，直至2017年《民办教育促进法》施行后，正式实施了分类管理。在分类管理中，非营利性民办高校办学是国家一直主张与支持的主流方式，国家希望更多的民办高校坚守公益性办学，坚持非营利性办学。经过几年的不懈努力，民办高校分类管理改革持续深化，国家层面的一系列分类登记、分类扶持等实施细则相继颁布，我国初步构建了民办

第四章　我国非营利性民办高等教育发展

高校分类管理的法律框架。应该看到，分类管理改革探索从法律维度较好地解决了非营利性民办高校在办学过程中遭遇的诸多显著矛盾与核心问题，如法人属性的界定、产权归属的明晰、扶持政策的落实、与公立高校平等地位的确立及未来发展空间的拓展等。这一系列的法律与政策举措为非营利性民办高校的发展创造了更为有利的环境，划清了非营利性民办高校和营利性民办高校之间的模糊界限，避免了非营利性民办高校受营利性办学的质疑，并从法律制度层面上有了一个明确的保障。因此，从支持政策的历史演变脉络审视，并且结合各地政府的实际执行情况来看，非营利性民办高校的发展政策在很多方面已有所改进与突破。但整体而言，支持政策仍然不够充分、体系不够健全、执行不够到位、细节不够具体，以至于许多省、区、市至今尚无法完成分类管理。一些民办高校举办者尚持有观望的态度，民办高校之间选择不一、看法各异、步伐不同，即便一些民办高校有选择非营利性的决策，目前也无法在省、区、市层面上落实到位。因此，我们需要进一步审视并优化相关政策，加快推进分类管理政策落实，以确保非营利性民办高校能够健康、持续地发展。

根据教育部官方数据，截至2023年底，民办高校机构数和在校生人数均占全部高校机构数和在校生人数的1/4左右[①]，目前选择营利性民办高校的数量并不多。通过企业信用信息网站查询，输入"实施高等教育的营利性民办学校"关键词进行查询，得到151条信息，再输入"学院"和"大学"两个关键词筛选，得到33条信息，即在企业登记机关登记的营利性民办高校仅有33家。

[①] 中华人民共和国教育部.2022年统计数据：各级各类民办学校校数、教职工、专任教师情况[EB/OL].(2023-12-29)[2024-02-12]. http://www.moe.gov.cn/jyb_sjzl/moe_560/2022/quanguo/202401/t20240110_1099538.html.

第二节　我国非营利性民办高校公益性的理性价值

目前,民办高校已进入营利性与非营利性分类管理的规范阶段,非营利性民办高校的法律地位得以明确界定,非营利性民办高校的地位及其办学模式将面对新的环境变化。

一、关于非营利性民办高校的公益性研究

在深入探讨非营利性民办高校的公益性时,学术界的焦点主要于其核心内涵的解析、实现状态评估及相应保障策略等多个层面。这一讨论不仅关注其公益性的基本定义,还具体到其实践层面,并寻求有效的保障手段,以确保其公益性的持续实现与发展。目前而言,先期研究成果主要集中于以下三个维度。

(一)关于民办高校公益性内涵的研究

在学术界,关于教育公益性的探讨普遍采纳了公共产品理论作为重要分析视角。教育的公益性,实质上反映了教育的外部效益,即对社会的积极影响。潘懋元等学者从办学宗旨、资源投入与成果产出等多个维度,对教育的公益性进行了评估,强调民办高等教育的公益性主要源自教育服务自身的本质属性和功能实现,而非仅仅由投入资本的属性所决定[1][2],这为理解民办高等教育公益性的本质提供了新的视角和理论支撑。王一涛在评估教育的公益性时,特别关注了办学目的这一核心要素,主张公益性应当强调民办

---

[1] 潘懋元,别敦荣,石猛.论民办高校的公益性与营利性[J].教育研究,2013,34(3):25-34.
[2] 别敦荣.论民办教育发展的第三条道路[J].华中师范大学学报(人文社会科学版),2012,51(3):137-142.

高校在办学过程中不得以营利为首要目标,应当坚持非营利性的原则。他认为仅有非营利性民办高校及公办高校能够真正体现出教育的公益性特质[1]。

(二)关于非营利性民办高校公益性实现程度的研究

部分学者通过调查发现,尽管多数民办高校选择了非营利性的属性[2],在实际操作中却面临办学定位不够清晰、学科专业设置缺乏差异化等挑战[3]。为了更精确地评估我国民办高校的公益性程度,柯佑祥构建了相应的指标体系,并发现其公益性实现程度普遍偏低,学校之间存在显著差异[4]。我国非营利性民办高校的公益性实现程度亟待提升,学校自身在公益性建设方面还需加强,以更好地满足社会公众的期待和需求。

(三)关于非营利性民办高校公益性实现的保障措施的研究

目前学界有关这一领域的系统性研究尚显不足,相关讨论较为零散地分布于部分文献之中。赵奇和朱振林强调,为坚持公益性,民办高校应当从办学理念、产权制度及社会功能等多个维度进行考量与调整[5]。而陈文联则进一步指出,为确保民办教育公益性的实现,我国应构建有效的内外保障机制,包括完善学校的教学管理制度、提升人才培养质量、健全现代法人治理结构与学校产权制度、强化资本的激励与约束功能、建立健全内外部监管机制等[6]。这些措施共同构成了非营利性民办高校公益性实现的坚实保障。

---

[1] 王一涛.论我国民办高校的公益性[J].教育发展研究,2010,30(18):6-10.
[2] 杨银付.深化教育领域综合改革的若干思考[J].教育研究,2014,35(1):4-19.
[3] 黄小灵.我国建设高水平民办高校面临的困境与实践路径探析[J].高等教育研究,2019,40(6):67-72.
[4] 柯佑祥.民办高校的属性识别及其调控机制研究[J].教育研究,2012,33(9):111-118.
[5] 赵奇,朱振林.立足三个维度凸显民办高校公益性[J].中国高等教育,2013(17):55-56.
[6] 陈文联.公益性的持守:民办高校不容放弃的使命[J].中国高等教育,2010(18):59-60.

二、非营利性民办高校公益性的理论研究

（一）教育本质的根本遵循

鉴于高等教育所承载的深厚社会意义，其"教育"服务自然具备独特的社会属性，进而要求教育本身具备公益性特质。在我国当前的教育法律体系中，公益性构成了民办学校不可或缺的法律基石，相应地，非营利性在民办教育体系中占有重要的法律地位。关于我国民办高等学校的设立，其非营利性的原则在多部法律中均有所体现。1995年颁布的《教育法》第二十五条明确指出："国家鼓励企事业单位、社会团体、其他社会组织及公民个人依法设立学校及其他教育机构。任何组织和个人不得以营利为目的举办学校及其他教育机构。"这一规定反映了在我国社会主义市场经济初步发展阶段，国家对于社会力量办学的鼓励态度，同时明确了非营利性的办学原则。

1999年1月1日起施行的《高等教育法》第二十四条进一步强调："设立高等学校，应当符合国家高等教育发展规划，符合国家和社会的公共利益，不得以营利为目的。"这一规定不仅重申了非营利性的办学原则，还强调了高等教育事业作为社会公益事业的属性，明确了高等教育应当具有显著的公益性。这些政策规定共同体现了教育事业作为社会公益事业的重要地位，以及高等教育在其中的不可或缺性。

在非营利性民办高校的内部治理体系中，应将坚守教育初心与明确办学使命置于首位。这要求学校确立一种取之于社会、回馈于社会的非营利性理念，并始终遵循教育的基本规律，坚持公益性的办学原则。随着分类管理改革的深入推进，多元利益相关者共同参与治理已成为民办高校内部治理的显著趋势。但是，在治理实践中，非营利性民办高校必须谨防走偏走歪，重点把握住办学的社会责任和义务，严格执行法律规定，坚持公益性办学理念。

第四章　我国非营利性民办高等教育发展

实际上,在我国办学实践中,传统教育公益性观念在一定程度上维护着非营利性民办高校的发展。自古以来,教育都被视为一种高尚的事业,是一种传道授业解惑的高雅活动,特别是在有着五千年文明的中国,"书香"与"铜臭"分属两个系统,两者不能并存在一件事务之中。虽然在古代,学生求学需要向先生纳"束脩",那也仅仅是给先生必要的酬金,更多代表的是对先生的一种敬意。没有教书先生是靠收取学生学费而发家致富的,所以才有"穷教书匠"一说。在中国人的传统观念里,更为崇拜的是捐资助学的义举,其极致的代表便是义丐武训的行乞办学。万般皆下品,唯有读书高,而商人在"士农工商"中位列榜尾。读书这么高尚而神圣的事业,怎么可以赚钱,怎么可以让资本玷污了读书的纯洁?所以,在民办高校选择营利性与非营利性时,人们多多少少会受传统观念的影响。但是,随着市场发育的成熟和教育法律法规政策的出台,营利性民办高校被允许发展,有一些举办者投资办学的目的就是取得回报。当然,也存在一部分民办高校无法毅然决然选择非营利性还是营利性,左右为难,这就导致观望现象的发生。

相较于营利法人,非营利性民办高校的法人治理更加侧重于公共利益的最大化,而非单纯追求举办者或股东的经济利益。此外,治理过程中还需充分尊重高等教育的发展规律,确保民办高校的办学自主权得到保障,同时维护基层学术组织及广大师生员工的民主权利,以确保学校内部治理的公正、高效与和谐。

(二)法理共识的基本要求

1. 非营利性的本质属性

根据《民办教育促进法》的规定:"非营利性民办学校的举办者不得追求办学收益,学校的办学结余全部用于办学""营利性民办学校的举办者可以取得办学收益,学校的办学结余将依照公司法等有关法律、行政法规的规定处理"。从上述规定中我们可以明确看出,营利性民办高校与非营利性民办高校的本质区别在于举办者在学校运营期间能否获得办学收益,以及学校终止时能否分配办学结余。若举办者或出资人选择不追求办学收益，且将办学结余全部投入教育事业，则该民办高校属于非营利性办学范畴；反之，则属于营利性办学。这一规定也进一步证实了非营利性办学特指那些由捐赠或投资而设立，且不追求经济回报和产权的民办高校。非营利性民办高校办学不追求经济利润，不进行利润分配，所有的盈余都应当用于学校的发展和教育教学活动的进行。

此外，2016年教育部等五部门联合印发了《民办学校分类登记实施细则》，为民办高校的选择指明了方向：选择非营利性办学的须向民政部门（即事业单位登记管理机关）进行登记，而选择营利性办学的则须向工商行政管理部门进行登记。对于《民办教育促进法》实施后新设立的民办高校，更是在设立审批阶段就贯彻了分类管理的原则，鼓励具有营利性质的民办高校向市场监管部门进行企业登记，这一举措有效保障了民政部门登记下的民办高校的非营利性本质，为非营利性民办高校区别于营利性民办高校设定了不同的制度入口和通道。

2. 非营利性民办高校的法人地位

根据《中华人民共和国民法典》（简称《民法典》）和《民办教育促进法》等相关法律法规，非营利性民办高校的法人属性通常已经属于《民法典》所规定的捐助法人。非营利性民办高校法人是指依法设立的、以非营利为目的，从事高等教育活动的民办学校的法律主体。其主要特征包括以下几个方面。

一是在公益属性方面，致力于提供高等教育服务，不以获取利润为主要目标，而是追求社会效益和教育公平。

二是在财产独立性方面，拥有独立的财产，这些财产通常来源于社会捐赠、政府资助、学费收入等合法渠道，并按照相关规定和章程进行管理和使用。

三是在治理结构方面，具备较为完善的治理结构，包括决策机构、执行机构和监督机构等,以保障学校的正常运行和发展。

四是在社会责任方面,承担着为社会培养高素质人才、推动学术研究和文化传承创新的重要责任。

五是在法律约束方面,受到教育法律法规及其他相关法律法规的严格约束和监管,确保其活动合法合规。

六是在持续发展方面,注重学校的长期稳定发展,不断提升教育教学质量,优化办学条件,以适应社会对高等教育的需求。

因此,非营利性民办高校在法律上享有独立的法人地位,可以独立承担民事责任,享有相应的权利并履行相应的义务。例如,非营利性民办高校的举办者享有办学管理权,有权依章程参与学校的办学和管理。非营利性民办高校除负有类似公办学校在教育产品或服务提供方面的法定义务外,还负有非营利性法人的一般性义务要求,如禁止非营利性民办高校举办者通过各种方式从学费收入等办学收益中取得收益、分配办学结余或通过关联交易转移办学收益等行为。

3. 政府对非营利性民办高校的支持政策

2016年12月,国家出台了《关于鼓励社会力量兴办教育促进民办教育健康发展的若干意见》,进一步明确了营利性和非营利性民办学校各自享受的分类扶持政策。对于非营利性民办高校的支持主要体现在以下几个方面:在政策扶持上,给予非营利性民办高校在税收、土地等方面的优惠政策,如符合条件的非营利性民办高校可享受与公办高校同等的税收优惠;加大财政投入,通过设立专项资金、补贴等方式支持其发展,如在学校的基础设施建设、教学设备购置等方面提供财政支持;在师资保障方面,鼓励公办学校教师与非营利性民办高校教师之间的合理流动,促进师资资源的共享和优化配置,为非营利性民办高校的教师提供更多的培训和进修机会,提高教师队伍的整体素质;在办学自主权、专业设置、课程安排等方面给予非营利性民办高校更大的自主权,使其能够更好地适应市场需求和社会发展;在社会认可度方面,强调非营利性民办高校与公办高校在法律地位、招生就业等方面享有同等权利,提高其社会认可度。

国家层面分类扶持细则的出台,不仅促进了营利性与非营利性民办高校的明确区分,更使真正致力于非营利性办学的民办高校脱颖而出,享受应有的法律权利,享有与公办高校同等的税收、用地优惠待遇,并为其提供购买服务、助学贷款、奖助学金和出租、转让闲置国有资产等方式的支持。

三、非营利性民办高校联盟——提升公益性的实践探索

非营利性办学模式在民办高校中的实践,是民办高等教育公益性的核心体现。在2010年至2013年间,部分地区和学校对公益性办学、建设高水平民办大学改革进行了积极探索。

2012年4月19日至21日,由中国民办教育协会高等教育专业委员会主办,北京城市学院、浙江树人学院等民办高校承办的第五届中外民办高等教育发展论坛暨公益性高水平民办高校建设研讨会在杭州举行。国家教育咨询委员谈松华、教育部发展研究中心副主任韩民、国家民办教育政策研究院副院长周海涛等出席了会议,来自全国各地22所民办高校的60余名代表参加了会议。会上,22位民办高校领导围绕"公益性"和"高水平"这两个关键词,从人才培养、科学研究、社会服务、校园文化和内部管理等方面阐述了高水平民办高校建设的举措、成效和特色。时任浙江树人学院副校长、民办高等教育研究院院长徐绪卿表示,国家提出了要建设高水平民办高校的任务,但是由于大家理解的差异和认识不到位,至今为止国家层面的高水平民办高校建设政策一直没有出台;对于营利与非营利的分类标准和是否分类,社会各界争议较大;为抓住民办高校的发展机遇,各校应吸取和借鉴世界私立高等教育发展的经验,从我国国情出发,进一步落实国家的各项任务,并呼吁政府尽快开展公益性高水平民办高校建设工程,确立非营利性的民办高校办学政策导向。会议还讨论了《公益性高水平民办高校联盟章

第四章 我国非营利性民办高等教育发展

程》,拟成立全国建设公益性高水平民办高校联盟。

2013年7月,教育部时任副部长鲁昕在民办高等学校改革发展的座谈会上,基于分类管理和促进民办高等教育持续健康发展的视角,提出了构建非营利性民办高等学校联盟的设想。随后,在同年8月7日,鲁昕针对联盟的成立给出了具体且明确的指导方针。同年11月21日,在广东举办的民办教育座谈会上,鲁昕再次发表了重要讲话,着重阐述了成立联盟的背景、意义及其定位,并指出:"我们应继续贯彻教育规划纲要,深化民办学校分类管理改革,积极鼓励非营利性民办学校的建设与发展,支持非营利性民办高校联盟的成立,打造高水平的民办高校示范平台,以树立民办教育的良好形象。"[1]她进一步强调,需要深入研究非营利性民办高校的相关政策,制定差异化的支持措施,切实落实民办学校的分类管理[1]。

2013年12月12日,非营利性民办高等学校联盟成立大会在北京召开。吉林华桥外国语学院等26所民办高校共同倡议并成立了非营利性民办高校联盟,鲁昕出席会议并讲话,她指出教育部积极倡导和支持成立非营利性民办高等学校联盟,是贯彻落实党的十八届三中全会精神,全面深化教育领域综合改革,鼓励社会力量兴办教育,推进分类管理的重要举措,是在新的历史起点谋划高水平民办高校建设的一个重要标志。她希望联盟成员全面贯彻党的教育方针,始终坚持非营利的办学方向,高扬立德树人、公益办学的旗帜;完善法人治理结构,规范办学行为,加快建立现代民办学校制度;牢固树立质量立校意识,创新人才培养模式,培养适应市场需要的高素质应用型人才;联盟要为成员搭建起交流合作、协同创新的平台,发挥好联盟的引领示范作用。大会强调,推动非营利性民办高校建设与发展,需要充分鼓励办学多元主体性,鼓励多种形式办学,加强政府指导、扶持和服务职能,完善政府补贴、购买服务、助学贷款、基金奖励、捐资激励等制度,落实民办学校

---

[1] 教育部.教育部召开促进民办教育发展座谈会鲁昕出席[EB/OL].(2013-11-12)[2024-05-11]. https://www.gov.cn/gzdt/2013-11/22/content_2532916.htm.

与公办学校的平等地位。大会通过了联盟章程，首批联盟成员学校签署了《非营利性民办高等学校联盟公约》（简称《公约》）。至2015年，该联盟已扩展至74所高校的规模。

非营利性民办高校联盟的成立，不仅是推动非营利性与营利性民办高校分类管理深化的重要步骤，也为探索符合我国国情的非营利性民办高校办学模式构建了一个崭新的平台，标志着我国民办高等教育改革发展的创新性尝试。该联盟是在教育部支持下，在中国民办教育协会指导下，由非营利性民办高校自愿组成的一个协作组织。联盟的发起单位多是具有良好办学基础、非营利性办学方向明确且具有很强代表性的非营利性民办高校，它们签署了《公约》，共同向全社会郑重承诺：将以中国特色社会主义理论体系为指导，全面贯彻党和国家的教育方针，遵循高等教育规律和民办教育发展规律，坚持走民、特、新的发展道路，坚持公益性和非营利性办学，不谋求任何经济回报，办学经费全部用于所在高校建设与发展。联盟公约具体内容如下。

为贯彻落实《中共中央关于全面深化改革若干重大问题的决定》《国家中长期教育改革和发展规划纲要（2010—2020年）》和《中华人民共和国民办教育促进法》，推进民办学校分类管理，引导民办高校坚持公益性办学方向，提高办学水平，在教育部支持和中国民办教育协会指导下，成立非营利性民办高等学校联盟。联盟成员共同制定、签署并遵守以下《公约》。

第一，贯彻党的教育方针，遵循教育规律；

第二，坚持公益性办学，坚守社会责任；

第三，健全法人治理结构，内部运行顺畅；

第四，办学条件达标，办学行为规范；

第五，资产财务管理规范，实行校务公开和民主管理；

第六，办学质量较高，人才培养成效显著，社会声誉良好；

第七，落实学校法人财产权，举办者和出资人不从学校收入中提取费

第四章　我国非营利性民办高等教育发展

用,办学结余全部用于学校发展;

第八,遵守联盟《章程》,团结奋进,履行联盟成员权利和义务,共同致力于推进高水平民办大学建设。

同时,非营利性联盟还制定了章程,具体内容如下。

为贯彻落实《中共中央关于全面深化改革若干重大问题的决定》《国家中长期教育改革和发展规划纲要(2010—2020年)》和《中华人民共和国民办教育促进法》,推进民办学校分类管理,引导民办高校坚持公益性办学方向,提高办学水平,成立非营利性民办高等学校联盟(以下简称"联盟"),特制定本章程。

一、定位

第一条　联盟是在教育部支持下,中国民办教育协会指导下,由非营利性民办高校自愿组成的协作组织,依法开展活动。

二、宗旨

第二条　方向引领。倡导非营利性公益办学方向,引导非营利性民办高校遵循教育规律,坚持应用型人才培养定位,促进成员单位依法治校,规范管理,科学发展。

第三条　服务导向。适应发展方式转变和产业结构调整需要,推动高等教育办学体制创新,服务经济发展对高素质人才的需求,服务民办高校师生发展的需求。

第四条　合作共赢。坚持自愿、平等、协作、共赢原则,建立成员单位间长期的交流互助和协同创新关系,为联盟成员搭建学习交流、共同发展的平台。

第五条　追求卓越。推动高水平民办高校建设,不断提升人才培养质量和办学水平。

三、任务

第六条 宣传引导。高举公益性旗帜,大力宣传非营利性办学理念,广泛争取社会各界关心和支持,为非营利性民办高校改革发展营造良好的社会氛围。

第七条 交流合作。密切联系,加强沟通,促进联盟成员在人才培养、科学研究、社会服务等方面的交流与合作。

第八条 调查研究。围绕非营利性民办高校改革发展重大问题,开展相关调查研究,为民办高等教育发展建言献策。

第九条 其他任务。完成教育部、中国民办教育协会等有关方面委托的任务。

四、成员资格、权利、义务

第十条 成员资格。凡遵守联盟《章程》,符合以下条件的民办高校,均可以申请加入联盟。

1. 贯彻党的教育方针,遵循教育规律;
2. 坚持公益性办学,坚守社会责任;
3. 健全法人治理结构,内部运行顺畅;
4. 办学条件达标,办学行为规范;
5. 资产财务管理规范,实行校务公开和民主管理;
6. 办学质量较高,人才培养成效显著,社会声誉良好;
7. 落实学校法人财产权,举办者和出资人不从学校收入中提取费用,办学结余全部用于学校发展。

第十一条 入盟退盟。符合第十条的民办高校自愿申请,经联盟主席会审议通过,成员可自愿退出。

成员违背联盟《章程》,或连续2次无故缺席联盟活动,经秘书处提议,联盟主席会审议、全体成员超过半数通过,取消其成员资格。

第十二条 成员权利和义务。

1. 具有选举权与被选举权；

2. 参加本联盟举办的各种活动；

3. 完成联盟秘书处委托的有关工作任务；

4. 为联盟开展日常活动提供支持；

5. 承办联盟委托的年会和活动；

6. 监督联盟工作，提出工作意见和建议。

五、组织机构

第十三条 联盟设主席 2 名，副主席若干名。联盟主席任期 3 年，可连任。首届主席、副主席由联盟发起人推选产生。主席、副主席换届需经联盟全体大会选举通过。联盟设顾问若干。

第十四条 联盟设立秘书处，作为联盟的日常工作机构。秘书处设立秘书长 2 人，副秘书长若干。秘书处设在主席所在单位。

第十五条 秘书处工作职责。

1. 落实联盟主席团决议；

2. 组织开展联盟活动；

3. 办理联盟成员进退事宜；

4. 负责联络与宣传事宜。

六、附则

第十六条 本章程自成立大会通过之日起生效。

作为非营利性民办高校联盟的成员，首先，要确保学校法人财产权的独立性和完整性，举办者或出资人不得享有直接的财产权利；其次，成员需严格遵循非营利性原则，不得追求经济回报，办学结余不得进行任何形式的分配。相较于改革试点地区的分类标准,非营利性民办高校联盟对于非营利性的界定更为严格,这既符合我国对于非营利性组织的法律界定,也与国际通行做法保持了一致。非营利性民办高校联盟作为非营利性民办高校自发形成的协作平台,其成立无疑是政府与社会共同努力的结晶。因此,联盟的章程和公约中融入了许多国家意志,彰显了国家对非营利性教育的界定标准及对发展非营利性民办高等教育的政策倾向。

第三节 我国非营利性民办高校的风险识别

2019年,习近平总书记强调了防范化解重大风险需具备前瞻性和高效应对策略的重要性。同年,教育部也提出了规范民办教育发展的要求,特别强调了防范和化解办学风险的任务,并呼吁加强风险评估和应急处理制度的建设。当前,非营利性民办高校在办学过程中正面临着来自外部和内部因素的诸多挑战和制约,因此,对办学风险的准确识别成为防范和化解这些风险的关键所在。

随着民办高等教育在我国社会主义教育事业中占据举足轻重的地位,民办与公办高校共同发展已成为当今时代高等教育发展的趋势。在当前的过渡期内,如何正确引导社会力量选择非营利性办学路径,并激励新建院校积极投身捐资办学事业,也已成为亟待解答的紧迫问题。

一、缺乏"营非"法理共识

在寻求非营利性的法理共识过程中,民办学校的分类管理首要之务在于准入标准的明确,特别是非营利性标准的界定。这一举措是完善民办学校产权、财务、会计、资产管理、内部治理、政府服务与监管等一系列基本制度的关键前提。然而,"营非选择"法理共识的欠缺,使非公平关联交易损害了多方利益。当前缺乏营利性和非营利性法理的共识有以下几方面原因：一是概念界定模糊，对于营利性和非营利性的准确界定，在不同的领域和情境中可能存在差异，导致理解和应用上的不一致；二是利益诉求多样，涉及的各方，如教育机构、投资者、政府、社会公众等，各自有着不同的利益诉求和期望，难以形成统一的认识；三是法律制度不完善，相关的法律法规可能不够健全和明确，无法清晰地规范和区分营利性和非营利性的行为及权利义务；四是社会观念差异，不同的社会群体对民办高等教育领域的营利性和非营利性持有不同的价值判断和观念，这也阻碍了共识的形成；五是实践中的复杂性，在实际操作中，营利性和非营利性的界限可能会变得模糊，如一些机构可能会通过复杂的财务安排或业务模式来规避法律监管或混淆性质。

这种共识的缺乏也反映在民办高等教育实践之中。虽然非营利民办高校不得取得办学收益，法律法规也取消了原来的举办者可以取得合理回报的内容，但是，自从允许社会力量办学以来，有些民办教育机构的举办者就通过种种关联交易将办学所取得的收益转移了出去。2003年《民办教育促进法》出台，允许举办者可以取得"合理回报"，在这种情况下依然有很多的民办学校的举办者选择不要求"合理回报"，但是存在部分举办者是表面上不要求"合理回报"，背后的相关利益输送并没有完全禁绝，举办者以提供服务、销售器材等关联交易变相获得了办学收益。同样，在面临营利性和非营利性选择时，在享受国家优惠政策方面，非营利性高校要明显优于营利性高校。如果非营利性高校的举办者可以通过关联交易取得收益，同时还能享受非营利高校的各项国家优惠政策，那么这是极不合理的，也是违法的，在实践中需要加强监督管理。

2010年《国务院办公厅关于开展国家教育体制改革试点的通知》颁布，明确将上海市、浙江省、广东省深圳市和吉林华桥外国语学院作为探索营利性和非营利性民办学校分类管理办法的区域和院校。试点地区和高校在结合各自的省(市)情、校情基础上，形成了对非营利性民办学校界定的多样化理解,并提出了相应的界定标准。这些标准因地域人文、社会、经济、教育等条件的差异而呈现出较大差异。例如,上海市和吉林华桥外国语学院将不获取合理回报作为非营利性的重要指标之一,而温州市则将获取规定范围内的合理回报也纳入非营利性民办学校的范畴。这一现象反映了全国范围内对民办学校分类管理仍然存在较大分歧,尚未形成对于非营利性民办高校的广泛社会共识。因此,需要进一步统一思想认识,以确保非营利性民办高校作为一种组织存在的科学性和合理性。

二、筹资渠道相对单一

审视我国民办高校的经费筹措现状,可以发现其资金来源具有显著的多样性差异。一些高校由举办者从零开始,完全依赖学杂费收入的积累逐步发展;另一些高校则在举办者初期资金注入的基础上,后续运营主要依赖学杂费实现"自给自足"。显然,这些学校的经费筹措渠道相对单一,学杂费收入占据了绝对的核心地位。《民办教育促进法》明确界定了民办学校的财产权归属:"民办学校对举办者投入民办学校的资产、国有资产、受赠的财产以及办学积累,享有法人财产权。"对于非营利性民办学校,《民办教育促进法》规定:"非营利性民办学校的举办者不得取得办学收益,学校的办学结余全部用于办学。"此外,《民办教育促进法》还明确指出,当非营利性民办学校终止时,剩余财产应继续用于其他非营利性学校的办学。

这些新规定有效地消除了过去"合理回报"可能带来的模糊地带,将非营利性民办学校举办者投入的资产实质上转化为一种捐赠形式,从而确保了社会资本进入非营利性民办学校时不谋求经济利益。由于逐利是资本的基本特性,在没有"合理回报"的政策前提下,政策转变给非营利性民办高校带来了挑战,一些学校可能会失去社会资本的青睐和投资,原有的举办者可能会因此减少或停止对学校的投入,新的社会资本也可能因为无法获得经济利益而选择不进入。

政策规定限制了非营利性民办高校通过资本市场融资的可能性,也降低了集团化办学组织将资本投入非营利性民办高校的意愿。对于原本就面临"融资难"和"融不到资"问题的非营利性民办高校来说,这无疑也带来了新的困境和挑战。

三、内部治理结构不合理

非营利性民办高校内部治理权利往往集中在理(董)事会、校长等少数人或机构中,这种高度集中的权利结构容易导致决策失误、管理混乱及权力滥用等问题。学校在治理过程中,多元主体如教师、学生、家长等虽然参与其中,但他们的权利却往往得不到充分的保障。董圣足和黄清云的研究显示,民办高校中近半数的学校理事会成员结构不合理,缺乏教职工代表,近1/3 的学校党组织负责人未能进入理(董)事会,导致教职工和党组织的利益与声音在决策层面被削弱[1]。同时,理(董)事会决策制度问题重重,存在"高度控制权、家族化和隐蔽性"[2]特征,且部分高校理(董)事会开会频次低,重要决策缺乏充分论证,形成了"单一治理"结构,削弱了决策的民主性和科学性。此外,关键岗位执行亲属回避制度不严格,举办者家族成员在重要岗位任职的现象较为普遍,与新法新政的规定相悖。为了解决这些问题,民办高校需要优化理事会成员结构,完善理(董)事会决策制度,严格执行关键岗位亲属回避制度,并加强监督和评估机制,以提升内部治理水平,确保学校的长期稳定发展。

四、内部监管机构不健全

从民办高校治理的视角出发,监事会的设立不仅是《民办非企业单位登

---

[1] 董圣足,黄清云.我国民办高校董事会制度的重构——基于45所民办院校的调查分析[J].黄河科技大学学报,2010,12(4):6-11.
[2] 王一涛,刘继安,王元.我国民办高校董事会实际运行及优化路径研究[J].教育研究,2015,36(10):30-36.

记管理条例》的法定要求，更是实现高效治理的必由之路。然而，在治理实践中，部分非营利性民办高校未能设立监事会，或监事会的职责界定模糊，导致其沦为形式或成为理（董）事会的附庸。2021年9月1日颁布的修订后的《民办教育促进法实施条例》强调，"民办学校应当设立监督机构。监督机构应当有党的基层组织代表，且教职工代表不少于1/3"，但实际上，非营利性民办高校的监督机构及人员配置还存在不足。通过实地调研与学校公开资料的统计，我们观察到，在某省现有的48所非营利性民办高校中，仅有28所设立了监事会，这反映出非营利性民办高校内部监督机构建设的不完善现状。

此外，政府监督的缺失亦是一个不容忽视的问题。教育行政部门本应委托会计师事务所等中介机构对民办学校进行外部审计，但这一举措在实际执行中并未得到有效落实。同时，师生、家长及社会公众的监督力量薄弱，对学校财产状况及治理结构的内部运行机制了解有限。这种内外部监管的不足，容易形成权力监督的盲区，进而加剧了管理和学校发展的风险。在实践中，地方教育行政部门需加大对非营利性民办高校的监管力度，确保这些学校能迅速依据国家法律和政策规定，完善并落实监事会的设立。然而，即便是某省已建立监事会的28所非营利性民办高校，其监事会的职责范围、议事规则、运行机制及人员配置等方面仍存在模糊和不足之处。目前，这些监事会更多停留在形式层面，真正发挥监督职能的情况并不多。

在民办高校官方网站中，我们也发现很少有学校主动公开监事会人员组成的信息，导致学校内部的中层领导干部及教职工对监事会设立情况缺乏了解。更为关键的是，部分非营利性民办高校的监事会人员配备严重不足，且多由学校其他部门领导兼任，这与国家对非营利性民办高校监事会设置的要求存在显著差距。

五、利益相关者参与度缺失

民办高校的内部治理需要利益相关者参与，理想的民办高校利益相关

第四章 我国非营利性民办高等教育发展

者架构应包括举办者、管理者、教师、学生及政府等多方力量,充分发挥各自职能,共同推动学校的健康发展。然而,在实际管理中尚存在以下几个方面的问题。

一是校长与理(董)事会之间的治理冲突。在非营利性民办高校的有效运营中,校长应当扮演"职业领航者"和专业管理者的角色,核心职能在于在理(董)事会的领导下,按照非营利办学理路,实施并推进学校的战略规划。在治理实践中,理(董)事会或举办者与校长之间的角色冲突时有发生。前者往往需基于学校外部的社会公益性视角来考量学校的发展路径,而后者则侧重于从学校内部的教育教学层面来规划学校的未来。这种不同的思维模式和价值取向,时常导致以理(董)事长为代表的决策层与以校长为核心的执行层之间产生纷争。这种冲突表现为校长职位的稳定性不足,即所谓的"校长不长",校长人选频繁更替;同时由于校长在职责边界上的模糊,有时可能超越其应有的管理范畴,导致管理层与决策层之间的矛盾和冲突不断加剧。因此,明确校长角色定位,加强理(董)事会与校长之间的沟通与合作,是确保非营利性民办高校健康稳定发展的关键所在。

二是教师身份影响参与治理。由于民办高校教师的特殊人事关系,如人才市场代理或企业身份待遇,导致他们普遍持有"打工者"的心态,这种心态极大地影响了他们参与学校事务的积极性和热情。甚至在教代会、教职工大会上对于重大事项的决策也是抱着一种应付的心态,觉得学校的决策是教师影响不了的,表态只是一个形式。但是,随着分类管理的推进,部分非营利性民办高校可以拥有事业编制或报备员额制,甚至出现民办事业编制,教师的稳定性有所增强,其参与学校治理的主人翁意识会有所提高。但是总体而言,由于受内部治理水平的影响,教师参与治理程度仍然处于普遍较低的水平。

三是校友参与治理机制不完善。由于民办高校通常办学历史较短,缺乏长期积累的校友资源和影响力,因此,有组织、有影响力的校友参与学校管理的情况较为少见,参与学校治理的情况比较少,学校内部也缺乏校友参与治理的机制。

四是社会评价负面效应。社会对民办高校的认同和接受是一个渐进的过程,这在一定程度上也限制了社会力量对学校管理的积极参与。因此,我们需要深入反思并寻求解决方案,以促进民办高校利益相关者之间的有效合作与参与。

五是政府监管不到位。政府作为非营利性民办高校的外部监管者,在监管过程中往往存在监管不力、监管不到位等问题。相关政策要求省级教育部门按照国家有关规定向民办高校委派党委书记(督导专员),加强党对民办高校的全面领导,规范民办高校办学。但目前仅有山东省、湖南省、广东省、云南省、四川省、陕西省等部分省份实施了该项政策,但是仍然缺乏健全的监督机制、缺乏足够的支持,这将给党委书记(督导专员)的工作开展带来挑战。另外,在实际的操作中,可能还存在角色定位不准确、职责不明、边界模糊等问题,这导致党委书记(督导专员)难以充分发挥作用。

第四节 我国非营利性民办高校的风险防控

在民办教育分类管理背景下,民办高校的公益性更有待强化。对于非营利性民办高校而言,实现高质量发展的道路离不开政府强有力的支持和精细化的管理。因此,构建并优化非营利性民办高校的监管体系,不仅是党和国家"引导并规范民办教育发展"的重要职责体现,更是规范此类高校办学行为、提升其风险防范能力、推动高质量发展的核心举措和坚实保障。加强风险防控体系建设,保障非营利性民办高校发展的稳定性及其明晰的政策空间,对于促进民办高校分类发展的有序推进具有重要的探索意义。

第四章 我国非营利性民办高等教育发展

一、坚持党的领导,把握非营利性民办高校正确的办学方向

在推进非营利性民办高校教育事业持续健康发展的进程中,坚持党的领导是确保学校办学方向正确无误的根本保证。党的领导为非营利性民办高校提供了政治方向上的引领,确保学校始终与党和国家的教育方针、政策保持高度一致。

具体而言,坚持党的领导要求非营利性民办高校在办学实践中,深入贯彻党的教育方针,将立德树人作为根本任务,切实提升人才培养质量。同时,学校应建立健全党的组织体系和工作机制,加强党组织对学校工作的全面领导,确保党的决策在学校得到有效执行。在把握非营利性民办高校正确的办学方向方面,学校应紧密围绕国家发展战略和地方经济社会发展需求,明确办学定位和发展目标。通过优化学科专业设置、提升师资队伍素质及不断提高学校的核心竞争力,为社会培养更多高素质、高技能的应用型人才。非营利性民办高校必须注重发挥党组织的政治核心作用,加强思想政治教育和师德师风建设,引导学生树立正确的世界观、人生观和价值观,通过丰富多彩的校园文化活动和社会实践活动,培养学生的社会责任感和创新精神,促进其全面发展。

总之,坚持党的领导是把握非营利性民办高校正确办学方向的关键所在。学校应深入贯彻党的教育方针和政策要求,加强党组织对学校工作的全面领导,确保学校始终沿着正确的方向前进。

二、做好顶层设计,加强地方政府对非营利性民办高校的支持

在推动非营利性民办高校健康、有序发展的进程中,顶层设计的科学性与前瞻性至关重要。这要求地方政府从全局视角出发,深入剖析非营利性民办高校的特性与发展需求,进而制定切实可行的支持政策与措施。

具体而言,地方政府应明确其角色定位,作为非营利性民办高校的引导

者与支持者，通过政策引领、资源调配、环境营造等多种方式，为非营利性民办高校的发展提供有力保障。一是地方政府应制定并完善相关政策法规，明确非营利性民办高校的合法地位与权益保障，为其提供良好的制度环境。二是政府应加大对非营利性民办高校的财政扶持力度，通过设立专项资金、提供税收优惠等方式，减轻学校的经济压力，促进其稳定发展。三是政府应积极推动非营利性民办高校与社会的深度融合，鼓励企业、社会组织等多元主体参与学校的建设与发展，形成多元化的支持格局。四是地方政府应加强对非营利性民办高校的监管与指导，确保其依法办学、规范运作。通过建立健全监管机制，对学校的办学质量、财务状况、招生就业等方面进行定期评估与监督，确保学校健康、有序发展。

做好顶层设计，加强地方政府对非营利性民办高校的支持，是推动其健康、有序发展的关键所在。地方政府应充分发挥其引导作用与支持作用，可以选取一批高水平的非营利性民办高校作为试点，通过政策扶持和资源倾斜，塑造其良好的办学形象，增强影响力，从而转变公众对民办高校的固有偏见，推动民办教育事业的持续健康发展。

三、拓展筹资渠道，推进非营利性民办高校的高质量发展

在解决非营利性民办高校面临的办学资金困境时，首要策略在于强化其内生性筹资能力。内生性筹资能力，即指学校基于内部因素自主生成和形成的资金筹措能力。这些内部因素主要包括学校的教学质量和办学特色，它们与筹资能力之间存在直接的正相关关系。

具体而言，教学质量越高、办学特色越鲜明，越能够吸引更多学生、扩大招生规模，从而有条件实施"优质优价"策略。同时，学校也更容易获得政府的资助、吸引外部资源合作办学，并增强社会捐赠的意愿，从而筹集到更多的办学资金。首先，非营利性民办高校应充分利用国家政策鼓励及高等教育改革发展的新机遇，借助民办高校特有的自主、灵活、高效和市场意识强

的办学机制和管理机制优势，全面推进学校发展战略、优化学科专业结构与布局、提升教育教学质量与人才培养水平、加强科研实力与成果转化、增强社会服务辐射力，以及提升学校治理能力与管理效率等方面的改革创新能力，通过创新驱动，实现办学的高质量发展，进而增强自身的内生性筹资能力。其次，非营利性民办高校应确立办学方向、精准定位、集中优势资源等多种途径，以培育和发展与地方经济社会发展需求高度契合、具备核心竞争力的优势学科与特色专业为核心；应采取错位发展、特色发展、联合发展及内涵式发展的战略定位，通过提供高质量、高水平的办学成果，赢得社会的广泛认可与学生的青睐。这样的定位不仅能够凸显学校的独特优势，还能确保学校与社会的需求紧密相连，为学校的可持续发展奠定坚实的基础。最后，面向社会和市场的全面开放型办学策略，不仅体现了民办教育的本质属性，而且是发挥民办教育体制机制优势，进而转化为办学核心竞争力的关键所在。非营利性民办高校没有上市融资通道，开放性办学是其拓展社会筹资渠道、优化筹资模式与结构、减少对学杂费收入依赖及提升可持续高质量发展能力的重要选择路径。这种办学模式不仅能够有效整合资源，还能促进学校与社会的深度融合，为学校的长远发展奠定坚实的基础。

非营利性民办高校应当严密构建并贯彻专项资金管理细则，确保专款专用，严格禁止办学资金的任意挪用。地方教育部门应将非营利性民办高校的专项办学经费核查作为日常工作的重要一环，并建立健全学校与举办者之间的风险隔离机制，以防范举办者挪用办学资金的风险。学校内部必须强化预决算制度的执行力度，从制度层面出发，制定明确的条款，以防范举办者对资金预决算执行的干扰，根据自身的整体运营状况，科学合理地制定预算方案。同时，应规范会计核算流程，完善内部审计体系，并借助信息化手段，对资金的使用进行全程监控，包括事前规划、事中监控和事后评估，以全面防范财务风险的发生。

四、明确内涵式建设,形成扎实有力的协同效应监管机制

内涵式建设对于高校培养契合社会需求的高质量人才具有至关重要的作用,然而,非营利性民办高校的内涵式建设不能仅仅依赖于举办者的自我驱动。鉴于非营利性民办高校具备准公共产品的特性,地方政府的教育主管部门应当承担起对这类高校校长的监管职责,扭转当前民办高校校长被简单视为"高级雇员"的局面。校长不仅要对举办者负责,更要承担起对社会的责任。非营利性民办高校的风险治理,本质上是一个涉及多元治理主体的协同过程,这些主体通过共同遵循的协同治理机制来提供管理服务。随着分类管理的逐步深化和各地相关政策法规的出台,民办高校办学环境日益复杂,非营利性民办高校面临的风险场域不确定性显著增加。因此,传统的单一主体治理模式已难以应对这些风险挑战。

针对非营利性民办高校的风险干预,关键在于构建一个由政府、社会、企业、个人等多方力量共同参与的协同机制。这一机制通过调整行动者之间的互动关系、优化资源配置形态、强化教育使命的共识,发挥其在资源动员、组织构建和调节平衡方面的能力,从而实现资源的有效整合、快速联动及精准定位,为非营利性民办高校的持续发展提供有力支撑。

值得注意的是,协同治理范式并非一种强制性的命令与控制结构,而是强调学校、政府与社会组织之间的协同互动和合作共赢。通过各方力量的共同参与和有效协作,非营利性民办高校的风险治理将更具成效,为其长期健康发展奠定坚实的基础。

五、建立监督机制,助推利益相关者爱校荣校参与治理

在非营利性民办高校的治理中,由于不同利益相关者拥有不同的利益诉求,因此,构建一套基于共同治理理念的利益相关者参与监督体系显得尤为重要。此举旨在维护各利益相关者的权益,确保非营利性民办高校的公

第四章　我国非营利性民办高等教育发展

益性质得以彰显。首先,需要进一步完善监事会制度。监事会应被赋予作为举办者及以校长为首的管理团队之外的利益相关者的代表角色,其核心职责在于监督理(董)事会及管理团队的运营行为,确保其遵循公平、正义的原则办学。监事会成员可由学校各利益相关者推荐或选派,同时需明确监事的任职资格与具体职责。其次,应积极探索并推广多种形式的民主监督,如教代会、纪检审计和校务公开等,以多渠道完善内部监督和权力制衡机制,形成监督合力。这样的多元化监督方式能够确保学校治理的透明度和公正性。最后,政府作为特殊的利益相关者,在民办高校的治理中发挥着举足轻重的作用。政府既是民办高校的监管者和服务者,也是民办高等教育发展的受益者。因此,政府应加强对民办教育的公共政策支持,完善相关法律法规,创新监督手段,确保民办高校的健康有序发展。

总体而言,当下非营利性民办高校在运营过程中面临的风险既源自内部因素,也受外部因素的影响。为了有效防范这些风险,我们不能仅仅依赖于单一的应对策略,而是需要构建一个多元化协同机制。这一机制应涵盖政策制定者、举办者、管理层、教师、学生及社会各界的广泛参与,以确保非营利性民办高校能够充分维护其"准公共产品"的本质属性,彰显非营利性民办高校的办学公益性,提升教育质量,推动民办高等教育事业的持续繁荣与进步。

第五章　我国营利性民办高等教育发展

第五章　我国营利性民办高等教育发展

第一节　我国营利性民办高校的基本情况

一、我国营利性民办高等教育基本规模及举办群体

由于分类管理还没有完成，一些省市的民办高校还没有明确选择营利性还是非营利性。在此期间，一部分民办高校在没有做"营非选择"的情况下，匆匆选择了上市。虽然从上市这一点上，一般会认为是选择营利性，但也不排除最后决策的时候有变更，也存在进行退市选择非营利性的可能。因此，目前关于营利性民办高校的数据也只是阶段性统计。根据大数据的不完全统计，截至2024年2月9日，我国登记为营利性的民办高校一共有24所，具体情况见表5.1。

从表5.1中可以看出，2020年是民办高校完成营利性注册的一个高峰期，一共有7所民办高校注册；2021—2023年陆续有民办高校完成营利性注册。选择营利性类型的民办高校分布广泛，我国东、中、西部地区都有。就规模来说，至今选择营利性的民办高校数量尚属于少数。

表 5.1 我国营利性民办高校注册登记情况

地区	数量	注册登记情况
上海市	6	上海工商外国语职业学院有限公司,2019年6月26日注册 上海建桥学院有限责任公司,2020年9月28日注册 上海思博职业技术学院有限公司,2020年1月10日注册 上海震旦职业学院有限公司,2020年2月17日注册 上海立达学院有限公司,2021年6月24日注册 上海民远职业技术学院有限公司,2021年8月12日注册
黑龙江省	5	哈尔滨北方航空职业技术学院有限公司,2018年6月8日注册 黑龙江财经学院有限公司,2022年8月12日注册 哈尔滨石油学院有限责任公司,2022年9月14日注册 哈尔滨华德学院有限责任公司,成立于2022年11月23日 黑龙江工商学院有限公司,成立于2023年3月21日
广西壮族自治区	2	广西培贤国际职业学院有限责任公司(已公示章程) 北海康养职业学院有限公司,2021年4月6日注册
贵州省	2	贵州民用航空职业学院有限公司,2020年5月19日注册 贵州铜仁数据职业学院有限责任公司,成立于2023年5月31日
云南省	1	云南理工职业学院有限公司,2018年2月11日注册
甘肃省	1	临夏现代职业学院资产经营有限公司,成立于2023年1月11日
河南省	1	郑州软件职业技术学院有限公司,成立于2023年5月30日
海南省	1	海南东方新丝路职业学院有限责任公司,成立于2023年7月26日
安徽省	1	宿州航空职业学院有限公司,2021年7月1日注册
河北省	1	唐山海运职业学院有限公司,2020年8月12日注册
四川省	1	绵阳飞行职业学院有限公司,2020年6月10日注册
湖北省	1	湖北孝感美珈职业学院有限公司,2019年9月6日注册
山东省	1	青岛航空科技职业学院有限公司,2020年4月2日注册

二、营利性民办高校举办者群体划分

民办高校的举办者类型呈现多样化特征,其中自然人和私营企业占据主体地位[①]。具体而言,自然人举办者占比 17.6%,他们可能源于对教育事业的热爱、社会责任感的驱使,或是对民办教育市场潜力的认可,从而选择投资民办高校。而私营企业举办者占比高达 62.2%,成为民办高校举办者的主要力量。这一数据凸显了私营企业在推动民办高等教育发展中的关键作用。私营企业凭借其雄厚的资金实力、灵活的管理机制和敏锐的市场洞察力,能够更好地适应市场需求,为民办高校提供稳定的经费支持。此外,私营企业举办者还可能通过校企合作、产学研结合等模式,促进民办高校与产业界的深度融合,进而提升学校的办学水平和社会影响力。除了自然人和私营企业,还有其他类型的举办者。其中,社会组织,包括各类非营利性组织、行业协会等,可能基于公益目的或行业需求参与民办高校的举办。这类举办者通常具备较强的社会责任感和行业影响力,能够为民办高校提供特定的资源支持和专业指导。基金会作为独立的公益机构,也是民办高校举办者的重要一员。它们通过筹集和管理资金,支持教育事业的发展,为民办高校提供稳定的经费来源和长期的发展规划。同时,民主党派也可能参与民办高校的举办工作,这体现了民主党派对教育事业的关注和支持。虽然国有企业举办民办高校的比例相对较低,但作为国家经济的重要支柱,其参与民办教育有助于优化教育资源配置,推动教育公平和质量的提升。

对于营利性民办高校而言,分类管理更是一种产权激励制度。不少举办者类型为企业、部分营利性社会组织或者个人的民办高校,往往选择营利性办学。因此,营利性民办高校的举办主体通常包括以下几类:一是企业,包括各类有限责任公司、股份有限公司等;二是以营利为目的的社会团体;三是其他具有投资能力的组织或个人。

---

① 刘亮军,王一涛.民办高校举办者变更:诱因、影响及规制[J].江苏高教,2021(2):71-77.

从我国目前营利性民办高校举办者的性质与类型来看,有国资控股企业参与了举办民办高校,并且选择了营利性。基于此,从是否国资性质来划分,将举办主体划分为国资控股企业与非国资控股企业,非国资的情况又可以分为上市或者非上市的情况,它们作为主体,均可以参与举办民办高校。

(一)国资控股企业举办的民办高校

国资控股企业举办的民办高校,是指国有企业或国有控股企业作为主要投资主体,参与或主导筹办的民办高等教育机构。此类高校虽在办学性质上被归类为民办,但在资金、管理、资源等多个关键领域均得到了国有企业的大力支持。国资控股企业举办民办高校的特点主要有以下几个方面:首先,资金雄厚。国有企业作为经济支柱,其资金实力较为雄厚,能够为民办高校提供稳定的经费保障,有力推动学校的建设与发展。其次,管理规范。国有企业通常拥有较为完善的管理体系和制度,能够为民办高校带来先进的管理理念和方法,进而提升学校的整体管理水平。再次,资源丰富。国有企业与产业链上下游企业、科研机构等建立了紧密的合作关系,能够为民办高校提供丰富的实践教学资源、科研合作机会等。最后,承担社会责任。国有企业举办民办高校,不仅是对教育事业的深度投入和全面支持,更是其履行社会责任、促进教育公平的重要体现。国资控股企业举办的民办高校选择营利性,有利于实现资本所追求的分配利润、财产保值和增值的目的。上海思博职业技术学院的投资者为上海报业集团,为维护国有资本出资人的合法权益、保证股东权益,最终选择了营利性办学。江苏省的钟山职业技术学院作为国资控股企业投资的民办高校,也拟选择营利性法人。

(二)上市公司(非国资控股企业)举办的民办高校

上市公司参与并主办的民办高校,是指以上市公司作为主要资本来源或主要推动力量而设立的民办高等教育机构。此类高校在财务支持、管理体系、资源整合等方面,通常能获得上市公司的有力保障,从而促进学校基础设施的建设及教育质量的提升。近年来,鉴于教育行业的持续繁荣与进步,诸多上市公司选择进入民办高等教育领域,通过资本注入或企业并购等方式,积极兴办民办高校。这些高校的数量呈现出稳步上升的趋势。上市公司主办的民办高校类型丰富,涵盖了本科及专科等不同层次的教育机构。这些高校在学科布局、教学质量、教师团队等方面均展现出各自独特的优势,满足了不同学生的个性化需求。这些高校遍布全国,特别是在经济繁荣、教育资源丰富的地区更为集中。目前,以高等教育为主营业务的港股上市教育公司,如中教控股、宇华教育、网龙、中国科培、新高教集团、民生教育、中汇集团等,在股市中均取得了显著的经济收益。上市公司选择以营利性法人身份参与民办高校的建设,更加符合资本市场对投资回报的追求。例如,上海建桥学院在港股市场进行IPO时就明确表示会选择营利性法人,目前已经在工商部门登记为企业法人;上市公司中国教育集团控股有限公司旗下的江西科技学院选择登记为营利性民办学校。

(三)非上市教育集团举办的民办高校

非上市教育集团所举办的民办高校,是指由尚未在资本市场上市的教育集团作为主要投资方或举办者所参与的民办高等教育机构。这些教育集团往往深耕教育领域,通过资源的有效整合、管理的持续优化及教学质量的不断提升,积极推动旗下民办高校的稳步发展。相较于上市公司,非上市教育集团往往更加聚焦于教育领域,能够集中其资源和力量,致力于教学质量的提升和学科建设的深化。在决策与管理层面,非上市教育集团可能展现出更高的灵活性,能够更为迅速地响应市场变化及教育需求,从而推动教育创新。非上市教育集团通常涉足多个教育层次与领域,包括基础教育、职业教育及继续教育等,为其旗下的民办高校提供多元化且丰富的支持与资源。目前,中国民办教育领域正展现出多元化与创新化的发展趋势。不同的教育集团与投资方,基于各自的实际情况与市场需求,灵活选择办学与运营模式,极大地推动了民办教育事业的繁荣发展。同时,《民办教育促进法》及其修正案的实施,为民办教育提供了更为明确与灵活的法律环境,为民办教育的持续健康发展提供了坚实的法律保障。2016年修订的《民办教育促进法》

颁布后,全国范围内涌现出一批由企业新投资举办的民办高校,这些学校选择登记为营利性法人,如唐山海运职业学院和湖北美咖职业学院等,它们的出现为民办高等教育领域注入了新的活力与动力。这些学校依托企业的资金、技术与管理优势,致力于提供高质量的教育服务,以满足社会对多样化、个性化教育的需求。

第二节　我国营利性民办高校上市基本历程

上市是民办高校与资本市场联姻的创新探索。按照政策变迁及发展历程划分,我国民办高校上市大致经历了2006年前的探索上市期、2006—2016年的间接上市期和2017年以来的集中上市期三个阶段。

一、2006年前的探索上市期

随着我国改革开放的持续推进,1992年,伟大的领导人邓小平进行了具有深远历史影响的南方谈话。邓小平明确指出,要坚定不移地推进教育改革,特别是高等教育改革,鼓励和支持社会力量办学。紧接着在1993年,中共十四届三中全会胜利召开,进一步明确了发展民办高等教育的方针政策,这为民办高等教育的发展奠定了坚实的政治基础和社会基础。

为了落实邓小平南方谈话和中共十四届三中全会的精神,国家连续出台了一系列重要的教育政策法规。1995年,《教育法》正式颁布,为民办高校提供了法律依据,明确了民办高校的合法地位。紧接着在1997年,《社会力量办学条例》出台,进一步明确了民办高校的办学方向和发展目标。1999年,《高等教育法》正式施行,将民办高校的法律地位提升到与公办高校一致的水平,为民办高等教育的发展提供了强有力的法律保障。

这一系列教育政策法规的出台,不仅赋予了民办高校合法的地位,而且为民办高校提供了与公办高校平等的待遇。这极大地激发了社会力量投资

第五章　我国营利性民办高等教育发展

办学的热情,促进了民办高等教育的蓬勃发展。从此,民办高等教育在中国教育体系中占据了重要地位,为中国的教育事业做出了巨大贡献。

此外,国家还开始注意到民办高等教育融资难的问题。《教育法》第七章第六十二条规定:"国家鼓励运用金融、信贷手段,支持教育事业的发展。"①但在此后较长的一段时间内并没有出台相应的具体实施办法,反而在《中华人民共和国担保法》(1995年)第三章第三十七条中规定,学校、幼儿园、医院等以公益为目的的事业单位、社会团体的教育设施、医疗卫生设施和其他社会公益设施,不得抵押。② 这实际上让民办高校无法通过金融、信贷等手段来筹资办学,导致无法充分发挥政策应有的作用,民办高校融资办学渠道依然受到限制。在这个时期,民办高等教育机构仍然需要坚持其公益属性,主要依靠学费收入和举办者投入来进行办学,而无法获得合理的回报,也无法通过其他渠道与资本取得对接,几乎不存在民办高校上市融资的情况。在这种情况下,民办高校的发展受到了很大的限制,无法像其他类型的教育机构一样,通过融资来扩大规模、提高教学质量、提升学校品牌等。这使民办高校在市场竞争中处于劣势地位,难以与公立高校相抗衡。此外,由于无法获得足够的资金支持,民办高校的师资力量、教学设施和科研水平等方面也难以得到有效提升,从而影响了学校的教育质量和声誉。这进一步削弱了民办高校的市场竞争力,导致其发展陷入了恶性循环。因此,民办高等教育机构需要寻找其他可行的融资渠道,以打破现有的融资瓶颈,获得更多的资金支持,从而提高教育质量和竞争力。

2002年颁布的《民办教育促进法》规定:"民办学校在扣除办学成本、预留发展基金以及按照国家有关规定提取其他的必需的费用后,出资人可以从办学结余中取得合理回报。取得合理回报的办法由国务院规定。"③这一

---

① 中国政府网.中华人民共和国教育法[EB/OL].(1995-03-18)[2024-05-01]. https://www.gov.cn/banshi/2005-05/25/content_918.htm.
② 中国人大网.中华人民共和国担保法[EB/OL].(2016-07-01)[2024-04-16]. http://www.npc.gov.cn/zgrdw/npc/lfzt/rlyw/2016-07/01/content_1992740.htm.
③ 中国人大网.中华人民共和国民办教育促进法[EB/OL].(2013-10-22)[2024-04-16]. http://www.npc.gov.cn/npc/c1772/c21116/c21297/c21305/201905/t20190521_179831.html.

规定为日后一些大企业、大集团等社会资本进入举办民办院校的行列提供了重要的依据,也使民办高等教育与资本市场的联姻成为可能。同时期的西方国家私立高等教育介入资本市场比较迅速,1991年戴维瑞公司在美国华尔街首次公开上市,该公司是以营利性私立大学为主体的高等教育公司。紧随其后,1994年阿波罗集团也上市了,美国著名的营利性私立大学凤凰城大学便隶属于该公司。随后在美国陆续上市了几十家高等教育公司。

国家关于民办教育政策导向的变化和国际私立高等教育与资本市场结合发展的趋势,引起了我国学界的重视。厦门大学高等教育研究所与民办教育研究中心携手西安外事学院下属的七方教育研究所,于2004年1月4日至7日共同举办了一场主题为"民办高等教育与资本市场高级论坛"的学术研讨会。本次论坛聚焦于我国民办高等教育与资本市场融合的制度政策、实施路径及国际上的成功经验等多个方面,进行了深入的交流和探讨。论坛的召开,旨在推动我国民办高等教育的发展,为其提供更多元化的融资渠道和更加广阔的发展空间,同时也为相关领域的专家学者提供一个交流的平台,以期达成共识,促进我国民办高等教育事业的繁荣发展。其中,潘懋元教授认为,中国民办高等教育现处于即将到来、已微露端倪、可能以进入资本市场为筹资主要渠道的时期[1]。邬大光教授强调,虽然目前我国还不允许以学校教育为主体的教育公司直接上市,但许多民办高校已经搭建起了高等教育介入资本市场的平台,成立了教育投资公司或管理公司,为进入资本市场做好了制度上的准备,在我国民办高等教育发展的现实中,"资本潮"已经涌动[2]。

2004年《民办教育促进法实施条例》提出:"民办学校的举办者不得向社会公开募集资金举办民办学校。"[3]这一规定直接表明了我国民办高校无法

---

[1] 潘懋元.对接资本市场——在民办高等教育与资本市场高级论坛上的发言[J].教育发展研究,2004(3):15-16.

[2] 邬大光.民办高等教育与资本市场的联姻——国际经验与我国的道路选择[J].教育研究,2003,(12):3-8.

[3] 中国政府网.中华人民共和国民办教育促进法实施条例[EB/OL].(2005-05-23)[2024-04-18]. https://www.gov.cn/zwgk/2005-05/23/content_200.htm.

第五章 我国营利性民办高等教育发展

通过直接上市的方式获得融资。因此,许多民办高校开始寻求其他的融资途径,以应对在国内资本市场上市难度加大的现状。他们开始转向采用"红筹模式上市"和"境外借壳上市"等策略,通过在境外市场进行资本运作,来实现企业的曲线上市融资需求。这些策略使民办高校能够在境外市场寻求到更多的发展机会,从而为学校的发展提供更多的资金支持。同时,这种上市方式也有助于民办高校提高自身的品牌知名度和影响力,进一步促进学校的长远发展。总之,民办高校通过采用这些上市策略,既能够有效解决融资难题,又能够为学校的未来发展奠定坚实的基础。例如,2002年9月,重庆海联学院与澳大利亚上市公司阿姆奈特(Amnet)发布合作公告,重庆海联学院以3.4亿元人民币资产入股Amnet,凭51%的股份取得控股权,Amnet也由此更名为海联国际。通过这种借壳方式,重庆海联学院在澳大利亚证券交易所上市,成为全国首家上市的中国民办高校。

二、2006—2016年的间接上市期

2006年8月,商务部等六部委联合发布了《关于外国投资者并购境内企业的规定》(被业界称为"10号文"),文件规定境内主体设立特殊目的的公司以股权并购境内公司上市的,须报送商务部审批,国务院证券监督管理机构核准[1]。这进一步加强了对红筹架构的监管。2012年6月,教育部印发的《关于鼓励和引导民间资金进入教育领域促进民办教育健康发展的实施意见》中指出,允许境内外资金依法开展中外合资办学,但在中外合作办学机构中境外资金的比例应低于50%[2]。根据《外商投资产业指导目录(2015年修订)》的规定,外商投资高等教育机构仅限于合作且须由中方主导[3]。无论

---

[1] 中华人民共和国商务部.关于外国投资者并购境内企业的规定[EB/OL].(2006-08-08)[2024-04-18].http://www.mofcom.gov.cn/aarticle/b/c/200608/20060802839585.html.

[2] 中华人民共和国教育部.关于鼓励和引导民间资金进入教育领域促进民办教育健康发展的实施意见[EB/OL].(2012-06-18)[2024-04-18].http://www.moe.gov.cn/srcsite/A03/s7050/201206/t20120618_138412.html.

[3] 中华人民共和国国家发展和改革委员会.外商投资产业指导目录(2015年修订)[EB/OL].(2015-03-10)[2024-04-18].https://www.ndrc.gov.cn/xxgk/zcfb/fzggwl/201503/t20150313_960793.html.

是红筹架构的监管政策,还是外商投资的准入政策,都在某种程度上限制了民办高校的上市。

政策的限制,使民办高校无法在海外上市,而间接上市成为这一时期民办高校上市的主要途径。其中不乏以 A 股上市公司参与创办、独家举办等方式来实现民办高校间接上市。例如,科大讯飞股份有限公司于 2008 年在深圳证券交易所上市,并于 2012 年与安徽工程大学合作举办独立学院安徽工程大学机电学院;2016 年 6 月,安徽工程大学机电学院转设为民办本科安徽信息工程学院,由科大讯飞全资举办,由此安徽信息工程学院成为科大讯飞的上市资产而间接在 A 股上市;1998 年在深交所上市的陕西金叶科教集团股份有限公司,于 2005 年成为西北工业大学明德学院的投资方,控股57%,通过这种间接方式,西北工业大学明德学院整合进 A 股上市公司,并且已经成为陕西金叶科教集团股份有限公司的第二大收入来源。此外,还有少量民办高校于港股间接上市。例如,成实外教育有限公司于 2016 年 1 月在港交所主板挂牌,公司涵盖 K-12 教育和高等教育业务体系,故其旗下的四川外国语大学成都学院作为公司资产,也间接在港股上市。

三、2017 年以来的集中上市期

2016 年 11 月,全国人大通过了修订后的《民办教育促进法》,规定:"民办学校的举办者可以自主选择设立非营利性或者营利性民办学校。但是,不得设立实施义务教育的营利性民办学校。""非营利性民办学校的举办者不得取得办学收益学校的办学结余全部用于办学。营利性民办学校的举办者可以取得办学收益,学校的办学结余依照公司法等有关法律、行政法规的规定处理。"[1]这是自 2010 年《国家中长期教育改革和发展规划纲要(2010—2020 年)》提出"积极探索营利性和非营利性民办学校分类管理"以来,首次

---

[1] 中国政府网.全国人民代表大会常务委员会关于修改《中华人民共和国民办教育促进法》的决定[EB/OL].(2016-11-07)[2024-05-11]. https://www.gov.cn/xinwen/2016-11/07/content_5129792.htm.

第五章 我国营利性民办高等教育发展

明确落实了对民办教育实施分类管理的要求。随后,2017年1月,教育部联合相关部门相继印发了《民办学校分类登记实施细则》《营利性民办学校监督管理实施细则》的通知,对民办学校分类登记的程序和要求及营利性民办学校的规范运行管理做出了明确的规定。

上述多项政策的出台实施,实质上是从法律法规的角度给与了营利性民办高校合法的身份。在分类管理制度实施下,不仅能厘清民办学校法人属性、产权归属等方面的问题,也进一步拓展了民办高等教育发展的空间。选择登记为营利性民办高校的学校可以充分利用市场机制,吸纳更多来自资本市场的资金以支持扩大办学,这也为民办高校上市打开了大门。因此,自2017年起,越来越多的民办高校走上了上市之路。仅在2017年,便有4家教育集团赴中国香港联交所上市,分别是宇华教育集团、民生教育集团、新高教集团、中国教育集团控股有限公司。此后的4年间,年均有5家民办高教公司上市,且都是在港股上市。由于准入门槛较低且市盈率更高,中国香港目前已成为境内从事全日制教育的机构在境外上市的首选之地[①]。2021年7月,中国通才教育集团有限公司在港交所上市,旗下只经营一所民办本科高校山西工商学院。继中国通才教育集团有限公司之后,我国未有再上市的民办高教公司。截至2024年5月,我国在港股上市的民办高教公司共有21家,既有集团校也有单体校,共涵盖50所本科院校和31所专科院校。自2016年至今,共有37所民办高校通过直接IPO或被并购的方式登陆资本市场(见表5.2)。

[①] 潘奇,董圣足.VIE架构在教育领域的应用、问题及其对策[J].教育发展研究,2018,38(5):17-22,74.

表 5.2　在港上市民办高教公司相关信息

公司名称	上市时间	主要院校
成实外教育有限公司	2016年1月15日	四川外国语大学成都学院
宇华教育集团	2017年2月28日	郑州工商学院、湖南涉外经济学院、山东英才学院
民生教育集团	2017年3月22日	重庆人文科学学院、云南大学滇池学院、重庆工商大学派斯学院、重庆应用技术职业学院、内蒙古丰州职业学院(青城分院)、重庆电信职业学院、南昌职业大学、曲阜远东职业技术学院、安徽文达信息工程学院
新高教集团	2017年4月19日	云南工商学院、贵州工商职业学院、湖北恩施学院、哈尔滨华德学院、兰州信息科技学院、洛阳科技职业学院、广西英华国际职业学院、郑州城市职业学院
中国教育集团控股有限公司	2017年12月15日	江西科技学院、广东白云学院、海口经济学院、重庆外语外事学院、广州应用科技学院、山东泉城学院、广州松田职业学院
中国新华教育集团有限公司	2018年3月26日	安徽医科大学临床医学院、安徽新华学院、南京财经大学红山学院
21世纪教育集团	2018年5月29日	石家庄理工职业学院、石家庄铁道大学四方学院、重庆资源与环境保护职业学院
希望教育集团	2018年8月3日	四川希望汽车职业学院、西南交通大学希望学院、四川天一学院、四川文化传媒职业学院、银川能源学院、内蒙古大学创业学院、南昌大学共青学院、山西医科大学晋祠学院、贵州财经大学商务学院、鹤壁汽车工程职业学院、贵州大学科技学院、贵州应用技术职业学院、南昌影视传播职业学院、邢台应用技术职业学院、白银希望职业技术学院、四川托普信息技术职业学院、苏州托普信息职业技术学院

第五章 我国营利性民办高等教育发展

续表

公司名称	上市时间	主要院校
中国春来教育集团	2018年9月13日	商丘学院、安阳学院、荆州学院、湖北健康职业学院、苏州科技大学天平学院
中国科培教育集团	2019年1月25日	广东理工学院、哈尔滨石油学院、淮北理工学院
中国银杏教育	2019年1月18日	成都银杏酒店管理学院
嘉宏教育科技有限公司	2019年6月18日	浙江长征职业技术学院、郑州经贸学院
中汇集团	2019年7月16日	广州华商学院、广州华商职业学院、四川城市职业学院、四川城市技师学院
华立大学集团	2019年11月25日	广东工业大学华立学院、广东华立科技职业学院、广东省华立技师学院
辰林教育	2019年12月13日	江西应用科技学院、江西文理技师学院、贵州工贸职业学院
建桥教育	2020年1月16日	上海建桥学院
华夏视听教育	2020年7月15日	南京传媒学院
立德教育	2020年8月6日	黑龙江工商学院、齐齐哈尔学院
东软教育	2020年9月29日	大连东软信息学院、广东东软学院、成都东软学院
中国华南职业教育集团	2021年7月13日	广东岭南职业技术学院
中国通才教育	2021年7月16日	山西工商学院

随着民办教育股上市步伐的加快,民办高校资产并购也迎来了小高潮。2018年,司法部公布了《中华人民共和国民办教育促进法实施条例(修订草案)(送审稿)》(简称"810送审稿")。2019年,高校并购交易活跃,整体没有受到"810送审稿"的影响,民办高校并购依旧是市场主流的资本运作方式,未来高教资产或许将会继续并购下去。已上市的教育集团,一方面会继续

合并优良高教资产,另一方面会并购不太优质的学校改造成为优质民办学校,这两者都对提升高等民办教育的质量有很大的帮助。2019年,在7个月内,港股教育股并购民办高校案例已超10起,已有47所民办高校通过IPO或并购方式登陆资本市场。不过,随着2021年9月正式实施了《民办教育促进法实施条例》,国家加强了对采用兼并收购、协议控制等方式控制非营利性民办学校的监管,资本收购的步伐有所减缓。

第三节 我国营利性民办高校上市的三大路径

民办高等教育是我国高等教育体系中不可或缺的重要组成部分,在弥补公办教育资源不足、满足人民多样化教育需求、发挥高等教育功能、建设高等教育强国、办好人民满意教育等方面起到了独一无二的作用。为持续推进民办教育深度变革,积极回应实践中的难点与重点问题,国家聚焦顶层设计进行战略部署,密集出台了一系列有关民办教育改革的宏观政策。从《民办教育促进法》的修订,到《关于加强民办学校党的建设工作的意见(试行)》《关于鼓励社会力量兴办教育促进民办教育健康发展的若干意见》,再到《民办学校分类登记实施细则》和《营利性民办学校监督管理实施细则》,"1+4"的政策框架明确了新时期我国民办高等教育营利性与非营利性分类管理、分类发展的政策导向,民办高校进入资本市场有了政策支撑与法理依据。

上市是民办高校进行资本化运作,实现与资本市场联姻的创新探索。从积极方面分析,这不仅能拓展资金来源、扩大学校规模与知名度、提高学校声誉,而且能加速民办高校资源整合,促进规范化治理,推进现代大学制度建设。按照路径与模式划分,大致有以下三种基本形式。

第五章　我国营利性民办高等教育发展

一、民办高校借壳上市

在当今快速发展的教育行业中,民办高校作为一种重要的教育形式,面临着越来越多的机遇与挑战。其中,如何获得足够的资金支持、扩大规模、提高知名度并增强综合实力,成为民办高校发展的重要议题。而借壳上市作为一种创新的资本运作方式,为民办高校提供了新的发展路径。借壳上市,即指一家公司通过收购或控股已有的上市公司,从而间接实现上市的目的。对于民办高校而言,这种方式可以使它们在较短的时间内获得更多的资金支持,扩大规模,提高知名度,并进一步提升学校的综合实力。

民办高校通过把资产注入一家市值较低的上市公司,获得上市公司一定的控股权,利用上市公司的地位使自身得以上市,这是一种"曲线上市"的手段,常见于民办高校探索上市的早期阶段。如上文所提及的2002年重庆海联学院案例,其曾与澳大利亚 Amnet 公共上市公司合作,通过资产入股、资产置换等方式取得了控股权,使重庆海联学院在境外成功上市。之后,多家民办高校通过"借壳"方式曲线进入 A 股市场,如中公教育、昂立教育、凯文教育等。

借壳上市为民办高校提供了新的发展路径,有助于解决资金短缺、扩大规模、提高知名度等问题。然而,在这一过程中,学校需要充分了解相关法规,加强内部管理和风险控制,确保合规运营。同时,学校还需要在保持自身特色的基础上,与上市公司进行深度融合,实现资源共享和优势互补。随着教育行业的不断发展和市场竞争的加剧,借壳上市或许将成为越来越多民办高校的重要选择。在这个过程中,学校需要不断创新教育模式,提升综合实力,以在竞争中立于不败之地。

二、上市公司投资创办或兼收并购民办高校

从标的属性及兼收并购逻辑来看,该路径大致分为内生增长和外延增

长两种类型。基于内生增长的上市路径生发于上市公司内部，通过购买土地自行建新校或整合旗下公司资源实现民办高校上市。例如，春来教育集团斥资 2.2 亿元向林州市政府收购目标土地的使用权，用以筹建新校安阳理工职业学院；新高教集团投资创办哈尔滨华德学院、湖北民族学院科技学院；等等。基于外延增长的上市路径指上市公司直接兼并收购民办高校。例如，中教控股携旗下三所高校赴港上市后，斥资 96 亿元先后收购了西安铁道学校、广州大学松田学院、松田职业学院、济南大学泉城学院、重庆翻译学院等 10 家高校，靠"疯狂收购"迅速成为港股民办教育的市值之王；宇华教育收购了山东英才学院；科大讯飞股份有限公司收购了安徽信息工程学院；陕西金叶科教集团股份有限公司收购了西安明德理工学院；等等。不难发现，上市公司通过买入学校实现外延增长的路径已成为民办高校教育集团近年来最热衷的扩张方案。依托这一路径，民办高校成功上市不仅拓宽了经费来源渠道，而且盘活了民办高校独特的制度优势。

三、民办高校采用 VIE 架构在境外上市

民办高校搭建 VIE（variable interest entities，可变利益实体，国内也称为"协议控制模式"）架构在境外上市是现行法律规定与境外融资需求相互催生的结果，也是民办高校在融资困境下的现实选择。典型的 VIE 模式是民办高校为实现境外上市的目的，先在境内成立一家内资企业（上市实体），然后由内资企业在境外设立离岸公司作为上市主体，之后由该公司在境外（多为美国、香港）设立独资控股的壳公司，而壳公司在中国内地设立外商独资企业（WFOE），最后 WFOE 与内地民办高校成立的内资企业签订系列协议，最终达到控制民办高校、享有 VIE 权益的目的。例如，新高教集团以开曼公司作为上市主体，以辉煌公司作为 WFOE，以云爱集团作为特殊目的公司（Special Purpose Vehicle，SPV），直接持有境内民办高校实体的股份，而境内高校实体赚取的利润，通过一系列协议控制回流到辉煌公司，并逐层分

红到开曼上市主体。从该模式不难看出,VIE模式是通过协议控制的方式实现了对境内民办高校控制权的转移,从而规避了《中外合作办学条例》《外商投资产业指导目录(2017年修订)》等法规对外商和外资进入高等教育领域的政策限制。目前,我国民办高校上市主要采用VIE架构模式,成实外教育、新高教控股、中教控股、建桥教育、民生教育和宇华教育等民办高校都是通过VIE架构纷纷在美股、港股上市。

相较于国内严苛的上市标准,借助VIE架构在境外上市具有门槛低、周期短、费用低等优势,能使民办高校快速从资本市场获得融资,但该模式也潜藏着诸多风险与隐患。其一,干扰民办高校分类管理政策的推行。《民办教育促进法》明确规定,"非营利性民办学校的举办者不得取得办学收益,学校的办学结余全部用于办学",但VIE架构则规避了这一政策管制,使非营利性民办高校同样可以通过关联交易、股票分红、协议控制等多种方式转移学校办学收益,突破了《民办教育促进法》对非营利性民办高校上市的政策规约,从而使部分非营利性民办高校钻政策空子、打擦边球,既能享受国家对非营利性民办高校的政府补贴、基金奖励、捐资激励、税收减免、划拨用地等各项扶持和优惠政策,又间接实现了对学校办学结余的占有,导致民办教育分类管理的政策流于形式,失去现实意义。其二,干扰国家教育方针的贯彻落实。《外商投资产业指导目录(2017年修订)》中明确规定,高等教育属于鼓励外商投资产业,且投资方式仅限于合资或合作,同时还对合作办学设置了较高的条件和严苛的限制。而民办高校采用VIE架构境外上市使境外资本变相进入高等教育等国家限制性领域,打破了《中外合作办学条例》的制度约束,甚至触及国家教育主权、文化意识形态、社会安全稳定等重大问题,对国家教育方针的整体落实产生了极大的干扰。其三,削弱教育公益属性,使营利性僭越公益性,遮蔽教育的育人功能。"教育是农业,不是工业",学生培养并非一朝一夕、立竿见影的,"慢教育"需要长期的、可持续的稳定投入,而"快资本"却追求短暂的、快速的高额利润,性质上的不同导致两者矛盾突出。因此，个别民办高校为实现短期内上市的目标，可能会通过抢占市场、扩大规模、提高学费与住宿费等手段快速获利，造成教学质量下滑、优质教育资源被稀释、师生权益受损等问题。甚至还有部分民办高校通过"股权置换"频繁变更举办者、恶意变更，以及买空、卖空学校资产等不规范行为达到上市目的，盲目地追求上市融资，从而使学校陷入停办、破产的办学危机。上市后的民办高校潜藏着被逐利性资本裹挟的风险，忽视教育立德树人的使命初心。另外，有着"看不见的手"的资本市场跌宕起伏，蕴含着极强的不确定性、不可控性、不稳定性、风险性和复杂性，资金链一旦出现断裂，将对民办高校的教学质量、师生权益、办学声誉、社会影响力，乃至学校存废产生巨大冲击和威胁。

资金不足、融资困难长久制约着民办高校向纵深发展，而现存的制度性障碍又使VIE模式成为其上市融资的主要路径。我们应该如何看待民办高校的"上市潮"？又如何规避上市的潜在风险呢？第一，树立正确的政策认知，理性看待上市问题。虽然国家政策层面已经放松管制，民办高校可自主选择营利性或非营利性，但上市也只是一种融资渠道，且本身蕴含着巨大的风险与挑战。因此，在扎堆上市的"热潮"推动下，民办高校需要更多地"冷思考"，保持头脑清醒与冷静，结合自身定位进行上市与否的方向决策，不能盲目跟风。第二，完善监管制度，拓宽融资渠道。VIE架构是民办高校绕开中国企业境外直接上市的限制而发明的一种协议控制模式，它的产生源于对国内法律监管体系的规避，因此其长期处于监管的"灰色地带"。民办高校用搭建VIE架构的方式登陆其他资本市场，整个运作过程在境内的监管都是模糊的。因此，监管主体一方面要完善立法，通过合理、切实、有针对性的制度安排明确VIE架构的合法性和可操作性，消除监管的法律盲区；另一方面要积极营造良好、多元的融资环境，拓宽民办高校的融资渠道，摆脱其对VIE模式的路径依赖。例如，鼓励金融、保险等机构为民办高校的融资和风险保障提供服务。第三，依法规范办学行为，营造良好民办教育生态。在分类管理的政策背景下,规避民办高校上市的潜在风险还要不断完善各级各类民办高校办学配套政策,使其依法办学、依规办事,宏观划定民办教育发展的底线,将底线思维自觉运用到防范民办高校上市的风险之中。例如细化举办者变更程序、建立风险预警和干预机制、强化财务监管制度和信息强制公开制度等。

营利性与非营利性民办高校差异化发展是我国整个民办高等教育改革与发展的基本态势。虽然上市本身蕴含着诸多潜在风险,但它也的确是缓释民办高校"融资难"困境的一个有效路径。因此,我们既不能恐惧上市风险,又不能过度推崇资本介入,而是要在坚持社会主义办学方向和民办教育公益性的大前提下,通过多管齐下的制度安排对民办高校上市行为进行有效规制,在法律法规允许的政策空间内,保障民办高校在充足的经费投入下实现内涵式发展,从而推动民办高等教育高质量发展,为建设高等教育强国注入强大动力。

第四节 我国营利性民办高校上市的协议控制模式

一、协议控制模式的概况

（一）协议控制模式的基本内涵

协议控制模式是指一种通过签订特定的协议来控制民办学校运营的方式。这种模式主要依赖于协议来约定民办学校及其举办者之间的权利义务关系,从而实现对民办学校的控制。协议控制模式的主要特点是协议的签订主体为民办学校及其举办者,协议的内容主要包括办学场所和设备的租赁、资讯服务、学校运行控制等方面。

协议控制模式的主要优点在于,它可以帮助民办学校绕开相关法律法规的限制,实现融资的目标。由于民办学校通常不具备营利属性,因此在股权、股东结构设置方面存在一定的缺失。协议控制模式通过签订特定的协议,使民办学校可以从举办者处获得资金、场所、设备和品牌等资源,同时需支付相关的费用,从而实现了民办学校办学收入的转移,使举办者成为学校的真正控制者。

协议控制模式的主要缺点在于,由于协议控制模式主要依赖于协议来约定权利义务关系,因此在协议的制定和执行过程中可能会出现争议。此外,由于协议控制模式主要依赖于协议来控制民办学校的运营,因此在协议失效或者被违反的情况下,民办学校的运营可能会受到影响。

协议控制模式是一种有效控制民办学校运营的方式,它可以帮助民办学校实现融资的目标,同时也可以使民办学校的举办者成为学校的真正控制者。然而,由于协议控制模式主要依赖于协议来约定权利义务关系,因此在协议的制定和执行过程中可能会出现争议,需要引起足够的重视。

(二)协议控制模式的基本原理

协议控制模式是我国民办高校上市的一种重要路径,其基本原理主要包括以下几个方面:首先,协议控制模式的核心是民办高校与实际控制者(通常为民办学校举办者或股东)之间签订的一系列协议。这些协议不仅规定了双方的权利和义务,而且规定了实际控制者如何从民办高校中获得资金、场所、设备和品牌等资源,以及如何支付相关的费用。通过这些协议,实际控制者实现了民办学校办学收入的转移,从而成为学校的真正控制者。其次,协议控制模式并不违反2016年12月之前《民办教育促进法》中关于"不得以营利为目的"的法律规定。实际上,协议控制模式正是为了规避这些限制而出现的。通过签订协议,民办高校和实际控制者之间的交易是基于合同的自愿原则而形成的,而非与股权、股东相关的协议。因此,协议控制模式与民办学校不得营利的法律规定并不矛盾。再次,协议控制模式为我国民办高校的融资提供了新的途径。通过与实际控制者签订协议,民办高校可以从举办者处获得大量资金,从而缓解了民办高校的融资压力,为其正常运营筹措到更多资金。总的来说,协议控制模式是一种基于合同的有效的民办高校上市路径,为我国民办高校的融资提供了新的途径,拓宽了我国民办高校的融资渠道。

在协议控制模式下,民办高校和实际控制者之间签订的协议通常包括一系列关于学校管理、资金使用、教师待遇等方面的规定。这些规定不仅明确了实际控制者在民办高校中的角色和地位,也明确了民办高校在经营管理中的自主权。然而,尽管协议控制模式在为民营学校上市提供了新的途径,但也存在一些问题和挑战。例如,协议控制模式可能导致民办高校的办学自主权受到限制。由于实际控制者通常会通过协议控制模式对民办高校进行干预,这可能导致民办高校在经营管理中失去一定的自主权。此外,协议控制模式也可能引发法律风险。由于协议控制模式通常涉及多方利益主体的权益,因此在签订协议时可能会出现一些法律漏洞,这可能导致民办高校在上市过程中面临法律风险。

(三)协议控制模式的应用场景

协议控制模式是一种在我国民办高校融资过程中广泛应用的模式。这种模式主要通过签订一系列协议,实现民办高校与投资者之间的利益共享和风险分担。在我国民办高校融资的过程中,协议控制模式主要应用于以下场景。

在民办高校的设立阶段,协议控制模式是一种有效地解决资金来源问题的策略。由于民办高校的办学资金主要依赖于社会资本,因此,协议控制模式可以通过一系列的协议安排,引入社会资本,为学校的建设和运营提供资金支持。

首先,民办高校可以通过签订股权投资协议、股东协议等方式,引入社会资本。这种方式可以通过设立特殊目的公司(SPV),将民办高校的办学资产与股权投资协议、股东协议相隔离，从而保护民办高校的办学资产不受股权投资风险的影响。这种方式的优势在于，可以有效避免民办高校在设立阶段就面临股权纠纷的问题，有利于民办高校的稳定运营。其次，民办高校可以通过签订特许经营协议、管理合同等方式，引入管理经验丰富的教育机构或企业。这种方式可以通过引入具有丰富教育管理经验的教育机构或企业，提升民办高校的管理水平，提高学校的运营效率。这种方式的优势在于，可以借助引入的社会资本和管理经验，提升民办高校的办学水平，增强学校的竞争力。最后，民办高校可以通过签订技术转让协议、知识产权转让协议等方式，引入技术或知识产权。这种方式可以通过引入社会资本的技术或知识产权，提升民办高校的技术水平，提高学校的科研能力。这种方式的优势在于，可以借助引入的社会资本和技术资源，提升民办高校的科研能力，为学校的长远发展提供支持。

二、协议控制模式的类型

（一）基于角色的协议控制模式

基于角色的协议控制模式是我国民办高校上市的一种可能路径。这种模式主要依赖于协议的制定和执行，通过明确各方的角色和职责，来保证上市过程的顺利进行。

首先，这种模式需要有一系列明确的协议来规范各方行为。这些协议可能包括公司章程、股东协议、理（董）事会协议、管理层协议等，需要明确各方的权利和义务，包括股东的权利和义务、理（董）事会的组成和职责、管理层的职责和考核机制等。这些协议的制定需要经过专业律师的审查，以确保其合法性和有效性。其次，这种模式需要有一套完善的理（董）事会制度来监督和管理公司的运营。理（董）事会是决策机构，负责制定战略和决策。在该模式下，理（董）事会需要由一些有经验和专业知识的人组成，他们可以为战略发展提供指导和建议。理（董）事会的成员需要明确各自的职责和权利，以确保理（董）事会的有效运作。最后，这种模式需要有一套完善的激励机制来激励管理层的积极性。激励机制可以包括股权激励、奖金激励、晋升激励等。这些激励机制需要根据部门业绩和个人的贡献来制定，以确保管理层的工作积极性。

基于角色的协议控制模式是一种可行的民办高校上市路径。它需要有一系列明确的协议来规范各方行为，需要有一套完善的理（董）事会制度来监督和管理运营，还需要有一套完善的激励机制来激励管理层的积极性。只有这样，才能保证民办高校上市过程的顺利进行。

（二）基于任务的协议控制模式

基于任务的协议控制模式是一种新型的民办高校融资模式，其主要特点是将协议作为控制工具，通过一系列协议的签订和执行，实现民办高校的融资目标。这种模式曾经巧妙地规避了我国民办高校不得以营利为目的的法律规定，实现民办高校的融资目标。

基于任务的协议控制模式在民办高校中的应用，是一项复杂且精细的管理与资源配置策略。该模式通过构建全面的协议体系，实现学校与举办者之间的紧密联结与利益共享，同时确保学校能够获取其发展的核心资源。协议体系旨在高效地将举办者的资金、场地、设备、品牌等资源注入民办学校中。此种资源的集中配置与优化，不仅降低了学校独立获取资源的成本及难度，还提升了资源的使用效率，为学校的快速发展提供了稳固的基础。通过协议明确双方的权利与义务，如独家信息资源供应、教育运行主导权、租赁关系等，使学校与创办者之间的合作更为透明与规范。同时，协议亦包含了风险共担机制，确保在面临挑战时双方能够携手应对。该模式允许双方在法律框架内，根据市场变动和学校发展需求，适时调整协议内容。这一灵活性使学校能够迅速适应外部环境的变化，保持竞争力。学校需依据协议约定支付相关费用，这些费用实为学校运营收益的合理转移，同时也是对举办者投入的一种合理回报。此种利益共享机制有助于激发举办者的积极性与创新力,推动学校的持续健康发展。该模式的优势在于,它可以最大限度地减少酬劳、差价等中间费用,降低民办高校的融资成本。此外,该模式融资风险仅与项目资产未来现金收入有关,而与建设项目的本身的风险无关,大大降低了原始权益人风险。然而,该模式也存在一定的风险。首先,民办高校与实际控制者、举办者之间的协议可能存在法律风险,如果协议内容违反我国法律法规,可能会导致协议无效。基于任务的协议控制模式是一种新型的民办高校融资模式,它巧妙地规避了我国民办高校不得以营利为目的的法律规定,实现了民办高校的融资目标。然而,这种模式也存在一定的风险,需要我们在实际操作中加以注意。其次,该模式可能会导致民办高校内部权力分配不均,影响学校的正常运营。

三、协议控制模式的实施流程

(一)协议控制模式的规划与设计

协议控制模式的主要特点是以合同的形式约定民办学校和举办者之间的权利义务关系。在我国民办教育实施分类管理之前,民办学校的性质在相关法律法规中皆被认定为非营利性属性,即其运营不能以营利为目的,盈余不得分配。因此,民办学校想要获得大量融资,主要通过协议控制模式来得以实现,协议签订双方为民办学校及其实际控制者、举办者。

首先,在民办学校的管理与运营中,独家资讯服务协议作为一种规范的协议控制形式,发挥着举足轻重的作用。该协议明确规定了举办者须为学校提供独家资讯服务,并以资金支持为条件,进而实现资源的优化配置和利益的均衡分配。从法律视角审视,独家资讯服务协议确保了民办学校与举办者之间的独立性和平等地位,有效规避了因股权、股东结构所引发的敏感法律问题,严格遵守了相关法律法规的规定。此外,举办者基于合同自愿原则所获取的收益,形成了明确的交易对价,进一步增强了该协议的合法性与可执行性。通过独家资讯服务协议,举办者能够在不直接干预学校日常运营管理的前提下,为学校提供必要的支持与资源,有助于避免利益冲突和权力寻租等潜在问题,保障学校的独立性和教育质量的持续提升。同时,学校亦可依据协议内容,自主选择与利用这些资源,以增强自身的办学实力与竞争力。值得一提的是,独家资讯服务协议还展现出了较强的灵活性与适应性。面对市场环境的变化和学校发展需求的调整,协议内容可进行相应的修改与完善,以满足双方共同的利益需求。这种灵活性确保了协议能够更好地适应实际情况的变化,为民办学校的稳定与发展提供了有力的制度保障。其次,学校运行控制协议也是一种常见的协议控制形式。该协议规定,举办者对民办学校的运营管理进行控制,作为获取资金的条件。这种协议使举办者可以通过对学校的运营管理来实现对民办学校的控制,从而实现协议控制模式的目的。最后,办学场所和设备租赁协议也是一种常见的协议控制形式。该协议规定,举办者向民办学校提供办学场所和设备,作为获取资金的条件。这种协议使举办者可以通过提供办学场所和设备来实现对民办学校的控制,从而实现协议控制模式的目的。

协议控制模式是我国民办高校上市的一种重要方式,它帮助民办高校巧妙地避开相关的限制监管,使境内与境外的融资办学成为可能,从某种意义上来说,它缓解了民办学校的融资压力,为其正常运营筹措到了更多资金。然而,协议控制模式也存在一些问题,如协议的控制力可能受到法律限制、协议的内容可能存在法律风险等。因此,在设计和规划协议控制模式时,需要充分考虑这些问题,以保证协议控制模式的合法性和有效性。

(二)协议控制模式的实施与评估

在我国民办高校中,协议控制模式主要体现在股权结构、理(董)事会构成和治理结构等方面。

在股权结构上,民办高校的股东通常会通过一系列协议安排,如股权激励、期权计划等,来确保他们对公司的实际控制权。这种协议控制模式可以有效地防止股东滥用权力,保护公司和其他股东的利益。在理(董)事会构成上,民办高校的理(董)事会通常由股东代表和非股东代表组成。其中,股东代表主要负责决策公司的重大事项,而非股东代表主要负责监督和制衡股东代表的决策。这种理(董)事会构成可以有效地防止股东滥用权力,也可以更好地保护股东利益。在治理结构上,民办高校通常会设立一系列的制度和机制,如监事会、独立理(董)事等,来监督和制衡理(董)事会和总经理的行为。这种公司治理结构可以有效地防止公司内部权力的滥用,保护公司和其他股东的利益。然而,协议控制模式也存在一些问题。首先,这种模式可能会导致决策效率低下,因为理(董)事会需要经过股东代表的同意才能做出决策。其次,这种模式可能会导致透明度不高,因为协议控制模式通常不会公开披露。最后,这种模式可能会导致内部矛盾和纷争,因为理(董)事会和总经理之间可能会存在利益冲突。

因此,对于协议控制模式的实施和评估,我们需要综合考虑其优点和缺点,根据具体情况和需要,制定合适的协议控制模式。同时,我们也需要加强对协议控制模式的监管,防止其被滥用,保护全体股东利益。

(三)协议控制模式的持续改进与优化

协议控制模式既能够保证高校的独立性,又能满足市场化的需求。然而,它并非一成不变的,对其进行持续改进与优化是非常必要的。

首先,我们需要明确协议控制模式的基本原则。在我国,民办高校的上市需要遵循相关法律法规,尤其是《公司法》和《民办教育促进法》等。这些法律规定了民办高校的产权结构、治理结构、经营范围等,为民营高校上市提供了基本的法律框架。在这个框架下,协议控制模式是一种常见的控制方式,它主要通过签订各种协议,明确各方的权利和义务,从而实现对公司的控制。然而,协议控制模式并非完美无缺,需要对其进行持续改进与优化。首先,我们需要进一步完善协议控制模式的法律规定。目前,我国对协议控制模式的法律规定还不够明确,容易在实践中造成困扰。因此,我们需要进一步明确协议控制模式的法律地位,明确其合法性和有效性,为民营高校上市提供更加明确的法律依据。其次,我们需要进一步优化协议控制模式的操作流程。协议控制模式的操作流程相对复杂,需要考虑的因素众多,因此,我们需要进一步简化操作流程,提高操作效率,降低操作成本。同时,我们还需要加强对协议控制模式操作的监管,防止操作过程中的风险。最后,我们需要进一步强化协议控制模式的风险管理。协议控制模式虽然可以有效地控制公司,但也存在一定的风险。因此,我们需要加强对这些风险的管理,防止风险造成的各方面损害。这包括对协议内容的审查、对操作过程的监控,以及对风险的应对策略的制定。

四、协议控制模式的影响与挑战

(一)协议控制模式的影响

协议控制模式有效地规避了"非营利性高校上市"的悖论。鉴于法律规定非营利性高校无法直接上市,该模式通过一系列精心策划的协议,将高校的实际控制权和经济利益与上市主体进行分离,既实现了上市融资的目标,又未违反非营利性的法律要求。此外,协议控制模式亦能有效规避分类管理对公司上市可能带来的潜在制约与影响。在教育行业实施分类管理政策的背景下,民办高校被明确划分为营利性和非营利性两类,这对学校的运营模式和上市路径均产生了深远的影响。协议控制模式通过构建灵活的协议架构,使学校在维持非营利性身份的同时,能够通过上市主体进行资本运作和扩展。然而,必须正视的是,在协议控制模式下,上市主体理(董)事会成员的家族化现象已成为一个不容忽视的问题。家族化可能导致决策过程中的权力过度集中和透明度降低,从而对教育集团的长远发展产生负面影响。特别是在关键岗位上,若家族成员缺乏专业能力和管理经验,则更容易引发控制风险。因此,教育集团应建立有效的治理结构和监督机制,以确保决策的科学性和透明度。

至于合营各阶段学历教育的概念股表现相对较好及上市集团营收对学费的依赖度较高的问题,这反映了当前民办教育行业的一个普遍现象。由于民办高校的收入来源相对单一,学费和住宿费成为支撑学校运营和发展的重要支柱。因此,这些学校的市场表现和市值往往与其招生规模、学费水平及教育服务质量等因素紧密相关。合营各阶段学历教育的上市公司因能够提供更为全面和多元化的教育服务,故更受市场青睐。从市场估值和营收结构的角度来看,不同教育集团的表现呈现出差异性。例如,中教控股之所以拥有最高的市场估值,可能归因于其在合营各阶段教育领域的精耕细作、品牌影响力及稳健的财务状况等因素。而合营各阶段教育的上市公司市值普遍较高,也体现了市场对这一领域未来发展的积极预期。然而,需要警惕的是,过度依赖学费和住宿费可能使教育集团面临经营风险,特别是在市场竞争加剧和政策环境变化的背景下。因此,教育集团应积极探索新的收入来源和增长点,以降低对学费的依赖,并提升整体抗风险能力。

协议控制模式是民办高校上市的重要形式,它规避了"非营利性高校上市"的悖论,但加剧了上市集团营收对学费的依赖。无论如何,它已经成为我国民办高校的上市的一种新路径和新模式。

(二)协议控制模式的挑战与问题

协议控制模式作为一种新兴的控制模式,在我国民办高校上市过程中,虽然取得了一定的成功,但也面临着一些挑战和问题。

首先,协议控制模式在实际操作中,往往需要通过签订一系列复杂的协议来达成控制目标。然而,这些协议的制定和执行,往往涉及多方利益主体的博弈和协调,容易引发合同纠纷,影响上市进程。此外,由于协议控制模式依赖于合同的约定和履行,一旦合同出现漏洞或者被违反,可能会导致控制失效,给公司带来经营风险。其次,协议控制模式在实际应用中,往往需要通过股权结构的调整来实现控制目标。然而,这种调整可能会引发股权争斗,影响公司的稳定性和长期发展。此外,由于协议控制模式依赖于股东之间的协议约定,一旦股东之间出现分歧,可能会导致控制权的争夺,影响公司的治理结构。在实际应用中,协议控制模式也存在着信息不对称的问题。协议控制模式的实施,往往涉及公司的内部信息,而这些信息往往只有公司的高层管理人员和股东才能掌握。这可能导致外部投资者无法全面了解公司的真实情况,增加了投资风险。最后,协议控制模式在实际应用中,也存在着法律合规的问题。在我国,协议控制模式的实施,可能涉及公司法、合同法、证券法等法律的适用,而这些法律的规定往往存在较强的灵活性和模糊性,容易导致法律争议,影响公司的上市进程。虽然协议控制模式在民办高校上市过程中取得了一定的成功,但也面临着一些挑战和问题。因此,在实际操作中,需要谨慎对待协议控制模式,避免其带来的风险和问题。

第五节　我国营利性民办高校上市融资风险及防范

修订后的《民办教育促进法》颁布后,民办教育分类管理政策实质性地引发了民办高校的上市热潮。上市有助于筹措办学资源,增强民办高校办学活力。然而,我们也应注意到民办高校上市存在多重潜在风险。只有正视民办高校上市的潜在风险,慎重把握民办高校与资本市场的关系,民办高校才可能获得健康、稳健和高质量的发展。

首先,民办高校选择上市,其核心目标是通过资本市场筹措资金,加强其教育办学能力。此举旨在实现多方面的提升,包括教学设施的完善、优秀人才的引进、科研实力的增强及办学规模的拓展等。上市融资为民办高校提供了更为充裕的资金支持,有助于实现教育资源的优化配置和办学质量的全面升级。为确保上市融资的顺利进行,民办高校需要一个优化的上市环境。这一环境的构建主要包括:建立健全与民办高校上市紧密相关的法律法规体系,确保产权关系的明确界定,切实保护投资者的合法权益,为民办高校上市提供坚实的法律保障。同时,还需清晰界定民办高校的产权归属,避免潜在的产权纠纷,确保上市融资的顺利进行。

其次,我国民办高校上市的主要模式包括国有、民办、公助大学、股份制民办高校、中外合资大学、附属型民办学院、外国独资大学等。这些模式各有特点,但在实践中也存在一些问题,如家族化现象、上市主体单一、上市环境不完善等。因此,需要进一步完善相关政策,引导民办高校走向规范化、制度化的发展道路。

最后,政府肩负着重要的责任,应通过精心制定和完善相关法规制度,积极调动民间资金的运用,有效解决民办高校自身存在的瓶颈问题,并致力于推动教育多元化发展,以实现对民办高校发展的正确引导与规范。此举旨在提升民办高校的办学水平和竞争力,确保其能够更好地满足社会成员日益增长的高等教育需求。

一、民办高校上市面临的多重风险

当前,许多民办高校主要利用分类管理过渡期的政策"灰色地带",采取各种"曲线"的方式,在美国、新加坡等国家和中国香港地区的证券交易所上市,寻求外延式发展,这种做法存在以下几方面的风险。

一是民办高校上市的政策法规风险。由于《民办教育促进法》及2021年修订的《民办教育促进法实施条例》尚未得到完全落实,民办高校分类管理政策执行滞后,当前民办高校的法人属性基本上仍是"民办非企业单位"。"民办非企业单位"的法人属性意味着民办高校在名义上是非营利性的。以非营利性之名,通过各种"关联交易"获得营利回报之实,存在政策法规风险。从理论上讲,只有彻底完成"营非选择",形成清晰的产权结构,选择营利性的民办高校才可能完全具备上市的合法性和正当性。在没有完成分类选择之前,即办学属性仍属于非营利性的民办高校以"关联交易"的形式在境外上市,面临着准入、运行和后期清算等一系列政策法规风险。这些民办高校长期以来以非营利性身份享受着国家财政、用地、税收和信贷等方面的优惠政策,但又通过"协议控制"模式在境外上市,破坏了外商投资准入限制,规避了非营利性高校的营利限制,可能造成国家和集体利益受损或国家财富流失。

二是民办高校上市的办学质量风险。质量是民办高校发展的生命线。民办高校只有不断提高办学质量,以高质量的办学品质赢得学生、家长和社会的广泛认可,才能获得长足发展。民办高校即使选择了营利性办学,仍要坚持以学生为中心,以提高办学质量为根本,否则将损害学校的声誉和品牌,最终在激烈的市场竞争中失去立足之地。教育部等三部门印发的《营利性民办学校监督管理实施细则》明确规定:"营利性民办学校应当坚持教育的公益性,始终把培养高素质人才、服务经济社会发展放在首位,实现社会效益与经济效益相统一。"一方面,民办高校往往选择以兼并收购、集团运营等模式谋求上市,这种在金融领域比较常规的操作本身就是一种外延式发展道路;另一方面,民办教育集团上市后为了追求高增长、高回报,往往不断提高收费标准、扩大招生数量,并采取各种方式控制教育教学成本,导致生师比偏高、教师待遇较低、博士学位教师占比较小,加剧了办学质量风险。从根本上讲,这些办学质量风险所反映的是资本进入教育领域后,民办高校在办学过程中面临着的市场逻辑和教育逻辑之间的博弈。

三是民办高校上市的治理结构风险。《民办教育促进法》明确规定:"民办学校应当设立学校理事会、董事会或者其他形式的决策机构并建立相应的监督机制。民办学校的举办者根据学校章程规定的权限和程序参与学校的办学和管理。"然而,上市集团控制的民办高校,其实际控制人基本上是资本方,学校办学过程中的管理主体如校长、党委书记等则处于相对边缘的地位,缺少话语权和决策权。由于教育集团未形成健全的法人治理结构,民办高校的命运主要掌握在出资方手中,一旦发生资金链断裂乃至举办者变更的情形,将直接关系到民办高校的生死存亡。只有形成健全的治理结构,民办高校才能实现健康稳定的发展。

二、民办高校上市风险的防范和化解

2021年,习近平总书记在中央全面深化改革委员会第十九次会议上指出:"严禁随意资本化运作,不能让良心的行业变成逐利的产业。"不能把教育作为资本运作的工具,更不能让资本在教育领域无序扩张。[①] 立足于民办高校上市的多重风险,着眼于民办高校的健康可持续发展,国家需要在顶层设计上系统谋划。

一是稳步推进分类管理制度改革。《民办教育促进法》第十九条指出:"民办学校的举办者可以自主选择设立非营利性或者营利性民办学校。但是,不得设立实施义务教育的营利性民办学校。"稳步推进分类管理制度改革就是要加快民办高校的"营非选择",让民办高校在营利性或非营利性的道路上自主选择、办出特色。如果选择营利性办学,国家就应该允许它们自主选择上市,对已经上市的民办高校则应该鼓励其回归到A股,并以此为条件加强全方位的监管;如果选择非营利性办学,就不能选择以上市的方式来解决融资问题,而只能通过享受国家各种优惠政策、捐赠和学费等方式获得办学经费。对于已经上市的非营利性民办高校,由于之前多是以协议控制等方式上市,需要经过举办者变更的程序,确保民办高校的办学结余用于学校的非营利性办学,切实保护师生权益和国民财产。在这个过程中,既要引导民办高校举办者坚持教育的公益性,鼓励非营利性办学,也要尊重举办者的自主选择,只要能够保障办学质量,营利性办学也应该受到支持和鼓励。

---

① 粟裕.教育部:不能把教育作为资本运作的工具 更不能让资本在教育领域无序扩张[EB/OL].(2021-05-18)[2024-05-10]. https://finance.sina.com.cn/china/gncj/2021-05-18/doc-ikmyaawc5908623.shtml.

第五章 我国营利性民办高等教育发展

二是加强教育质量保障机制建设。办学质量是民办高校发展的关键,也是国家对民办教育加大监管的初衷。在我国高等教育从规模扩张进入质量提升的新时期,针对民办高校特别是民办高校上市的办学质量风险问题,全面加强教育质量保障机制建设势在必行。可以考虑在教育部本科教学工作合格评估的基础上,形成全局式、常态化的质量保障和监督机制,督促上市民办高校将上市融资所得资金更多地用于教育教学活动、改善办学条件和保障教职工待遇等方面,切实把上市融资作为学校办学的手段。同时,教育行政部门可以监督民办高校建立专用账户,从学费和毛利润中提取一定比例的资金作为发展基金,用于学校品牌建设和质量提升,这有助于民办高校在上市融资的过程中建构起规模扩张和内涵式建设之间的动态平衡,使资本更好地服务于教育。而从风险防范的角度看,建立专用账户有助于上市机构与其直接或间接控制的民办高校之间在财务资产上建立防火墙,在一定程度上能防止民办高校完全受制于资本市场。

三是多方联动建立跨部门的综合执法机制。民办高校上市是一个复杂的、牵涉众多部门的行为,对民办高校上市的有效监管必然需要建立跨部门的综合执法机制。只有打破行政执法领域的"条块分割",建立教育行政部门与其他部门之间的协同治理机制,才能更好地防范民办高校上市风险。首先,教育行政部门要对民办高校上市的多重风险形成警觉意识,全面掌握其上市动态和举办者对于上市的心态。其次,要联合税收、人社、工商、财务、民政、证监会等部门,对民办高校上市行为进行规范性审查,[①]而不是被动接受民办高校上市的既定事实。最后,对已经上市的民办高校,既要通过联合执法机制督促其加大信息披露力度,让学生、家长和社会能够掌握更全面的信息,也要密切关注上市民办高校的股权变化、举办者变更和内部治理结构等可能引发重大办学风险的行为,从而掌握主动权。

---

① 周海涛,郑淑超,景安磊.民办高校上市的历程、影响及对策[J].中国高教研究,2021(7):70-76.

第六章　我国民办高校分类管理的推进举措

第六章 我国民办高校分类管理的推进举措

第一节 转换职能,创新治理,完善分类政策

一、走向规范与扶持并重的管理者

由于我国民办教育起步较晚、发展较慢且政策体系建立不完善等原因,最初期往往是受制于计划经济体制之下的政策惯性,政府对于教育的发展往往呈现出家长式的管理,大包大揽地控制国家的教育资源及办学资格,没有给予民办教育充足的发展空间。在这种情况下,教育事业效率低下且缺乏积极、长效的促进激励政策来推进教育事业的发展壮大。改革开放后,由于国家对教育改革的深入及教育领域多元化民办教育的萌芽逐步发展壮大,有着破土而生之势,呈现了一大批由社会知名人士、教育家创办的民办教育学校,但由于改革开放初期缺乏规范的政策制度规范和监督机制约束,民办教育发展缺乏一套行之有效的政策体系支持。但是以政府公办教育为主体,社会力量支持民办教育发展推进教育领域多元化、优质化的观点已经成为社会一致认可的观点。

改革开放以来,我国民办高校的发展在从兴起到不断扩大规模的进程

中,政府与民办高校之间有着一种不可脱离的依存关系,而且日趋复杂和紧密[①]。有研究指出,作为民办高校治理主体的政府,主要存在着诸如治理主体不明确和治理角色定位不清晰的现象,在目前的民办高校治理中,由于政府对民办高校管理得过多或过少,往往存在"管理上的缺位和越位的问题"[②]。为此,应该支持引入民办高校市场竞争激励机制,转变政府治理民办教育的角色与职责。

政府的角色和职能,必须根据国家关于民办教育的发展政策来进行转换和调整。从1997年实施的《社会力量办学条例》到2002年《民办教育促进法》出台以来,我国对于民办高等教育总体上是以支持、鼓励为主,当然也有一系列法律对其进行规范和监督。"十五"期间(2001—2005年),国家对于民办教育的基本政策是"加快办学体制改革,积极鼓励、支持和规范社会力量以多种形式办学,基本形成政府办学为主,公办学校和民办学校共同发展的格局"。"十一五"期间(2006—2010年),国家提出了"支持民办教育发展,形成公办教育与民办教育共同发展的办学格局"。"十二五"期间(2011—2015年),国家提出了"增加教育投入,鼓励引导社会力量兴办教育,以加强薄弱环节和关键领域为重点,实施重大教育改革和发展项目"。"十三五"期间(2016—2020年),国家提出了"建立分类管理、差异化扶持的政策体系,鼓励社会力量和民间资本提供多样化教育服务"。至此,国家发展民办教育总体上是以鼓励支持为主,鼓励引导社会力量办学,支持民办教育健康发展,这是这一时期的基本基调。但是,经济发展和民办教育的新态势、新问题,尤其是"合理回报"导致变相回报、"以非营利之名行营利之实"等现象,引发了社会的广泛关注。虽然国家在2010年从顶层设计上提出了分类管理,致力于避免非营利性与营利性之间的"鱼龙混杂"现象,并在《民办教育促进法》中明确了民办高校分类管理,但是由于民办教育领域存在的一些"变相

---

① 徐绪卿.民办院校办学体制与发展政策研究[M].北京:中国社会科学出版社,2018:381.
② 樊未晨.管理缺位与越位捆住民办教育手脚[N].中国青年报,2004-08-24(6).

回报"乱象,加上独立学院转设困局和分类管理推进阻滞,国家对于民办教育的发展基调发生了变化,由之前的以支持鼓励为主转变为"十四五"期间(2021—2025年)的"支持和规范民办教育发展,开展高水平中外合作办学"。其实党的近三次全国代表大会确定了民办教育的基调,在2012年党的十八大报告上提出"鼓励引导社会力量兴办教育";在2017年党的十九大报告上提出了"支持和规范社会力量兴办教育","十四五"规划对于民办教育发展的政策就是根据党的十九大基调提出来的;而在2022年党的二十大报告上,更加明确地提出了"引导规范民办教育发展"。虽然从目前的政策上看,国家强调的是引导、规范民办教育的发展,但是民办高等教育作为我国高等教育的重要组成力量,仍需进行支持发展,政府从职能上应该进行支持和规范并重的转变。

在当前民办高等教育分类管理政策背景下,政府必须意识到,无论是对"办好人民满意的教育"的责任,还是社会群体力量不断参与教育领域的发展,需要给予民办高等教育更多的发展空间,在财政政策、税费减免方面形成一个合规完善的民办高等教育扶持发展政策体系,并通过合理持续的简政放权以解放"教育生产力",由"包揽型"政府走向"扶持型"政府[1],走向引导规范发展的治理者。因此,通过转变政府治理职能,树立服务意识,坚持监管规范与扶持发展并重,努力实现政府控制监督模式朝着政府规范扶持模式转变,促进民办高校健康稳定发展。

二、发展规划与宏观治理的创新者

我国民办高校是在特殊环境下恢复发展的,是在"摸着石头过河"的背景下壮大成长的。当前,我国民办高校进入了一个新的发展期,需要通过优

---

[1] 高志宏.民办教育分类管理改革的公益导向及法治保障[J].济南大学学报(社会科学版),2022,32(4):154-163.

化顶层设计来进一步明确其发展目标与发展模式①。为此,政府需要当好新时代民办高校发展规划和宏观治理的创新者,制订好民办高校办学体制和发展规划,将发展民办高校发展纳入经济社会发展和教育事业整体规划之中,为民办高校发展留足空间,规划分类和层次。同时,政府部门还需要引导民办高校制订好学校的发展规划,帮助学校明确自身在国家和所在区域高等教育体系中的定位,从而确定和完善民办高校发展的宏观政策。

在政策实施发展的过程当中,由于各省市内部发展情况不统一、资源配置不平衡等情况,为了避免国家教育政策的"一刀切"现象,中央政府往往会给予地方政府一定的政策实施空间,释放地方政府对于政策实施的地方活力。在此过程中,省级政府会在对中央政策文件的政策解读、政策支持及推进方式等方面有自己的"地方逻辑",独具特色的"地方逻辑"使省级政府在民办教育发展的过程中担任了实际规划者和创新治理者角色。在分类管理政策的推进过程中,各地体现出了不同的特色。分类管理政策实施以来,我国各地区出台了各自地区分类管理政策的实施方案与实施条例,对民办高校发展提供了政策扶持。

上海市在基于《上海市人民政府关于促进民办教育健康发展的实施意见》等一系列政策文件上,对民办教育分类管理做出了具有操作性的政策指导。在分类管理政策内容上,对分类管理登记管理、税费扶持、财政资助、师生权益维护等方面进行了全面的政策内容细化,任何一方面政策内容都不能完全代表分类管理政策内容的整体,且在政策的推进过程中,任一方面的政策内容都是不可或缺的,在政策的设计上体现出政策群的特征。② 在政策内容上,实行营利性民办学校和非营利性民办学校的差异化扶持政策,使营利性或非营利性学校的扶持政策进一步得到细化,各部门对于民办教育分类管理政策在执行的过程有据可循,避免分类管理的政策流于形式。陕西

---

① 徐绪卿.民办院校办学体制与发展政策研究[M].北京:中国社会科学出版社,2018:431.
② 吴傲阳.上海市民办高校分类管理政策执行问题研究[D].上海:华东师范大学,2023.

第六章　我国民办高校分类管理的推进举措

省在分类管理上延续了既往的政策惯性,一直坚持非营利性办学理念。在分类政策初期,大多数民办高校都处于对政策认知模糊、对新政处于观望态度。2012年以来,陕西省政府每年为民办教育积极发展投入3亿元财政资助,[①]用于改善民办学校办学条件、提高民办学校教学质量及民办教育竞争力。在此基础上,非营利性办学的倾向性远远大于营利性办学。广东省在《广东省民办教育分类管理实施方案》及《关于促进民办教育特色发展的意见》上提出"探索分类管理机制",对营利性民办学校和非营利性民办学校不仅制定了差异化的政策扶持机制,而且建立了营利性民办学校和非营利性民办学校分类监督管理机制,规范完善民办教育分类管理机制的推行。[②]

与上述省市类似,多数省市在分类管理政策实施以来,在地方推行上结合自身的特点,展现出了地方政策推行的地方逻辑和地方特色,使民办高校分类管理政策在实施推进过程当中更好地结合当地自身情况,做到政策在地方上的适应性发展,具有地方特色的政策激发了地方政府施治的活力,推动了民办高校的进一步发展。

三、规范流程与完善机制的推动者

民办高校分类管理非常复杂,涉及多个部门的协调统一。深化民办教育的治理,需要从过去由政府单一主体实施的垂直型管理,走向由多元主体共同实施的系统化"善治"[③]。为此,政府要在发挥其治理主体重要作用的基础上,多部门联动统筹谋划,全面提升多元主体共治能力,推动分类管理政策内容进一步细化。要改变原有政策内容中的倡议性规定,改变在政策推

[①] 李维民,银冰冰.新修订的《民办教育促进法》视角下的陕西民办高校分类管理研究[J].法学教育研究,2018,21(2):380-388.

[②] 余中根.广东省民办高校分类管理政策发展历程与优化策略[J].浙江树人大学学报,2023,23(3):19-27.

[③] 董圣足,王慧英.新形势下民办教育宏观治理的完善与创新[J].华东师范大学学报(教育科学版),2024,42(6):102-111.

行过程中含糊不清、具有争议、难以落实的政策条例,使分类管理政策在地方推行过程中更具实际性和可操作性。在建立健全分类管理政策的过程中,协同多部门、多学科人才共同参与政策制定工作,听取教育学、法学、公共政策学等学科专家的意见,结合政府多部门意见共同优化、细化民办教育分类管理政策机制体制。对分类管理在实施过程中遇到的实际问题进行具体问题具体分析,进一步优化民办教育分类管理政策实施过程中政策工具的选择,合理配置人才、资金、土地、信息等各要素在分类管理政策实施过程中的流通,推进分类管理政策不断细化、完善,不断优化分类管理政策环境。

进一步完善分类管理流程,为民办教育提供良好的发展环境。民办高等学校分类管理主要有如下基本流程(具体流程可能因地区而异,还需结合当地政策规定执行)。

(1)设立审批:民办学校的设立应当依据相关法律法规和国家有关规定进行审批。举办者需提交规定的材料,包括学校党组织建设有关材料等。审批机关对批准正式设立的民办学校发给办学许可证,不批准的需书面说明理由。

(2)分类登记:正式批准设立的非营利性民办学校,符合《民办非企业单位登记管理暂行条例》的到民政部门登记为民办非企业单位;符合《事业单位登记管理暂行条例》的到事业单位登记管理机关登记为事业单位。其中,实施本科以上层次教育的非营利性民办高等学校,由省级人民政府相关部门办理登记;实施专科以下层次教育的非营利性民办学校,由省级人民政府确定的县级以上人民政府相关部门办理登记。

正式批准设立的营利性民办学校,依据法律法规规定的管辖权限到工商行政管理部门办理登记。登记管理机关对符合登记条件的民办学校,依法依规予以登记,并核发登记证或者营业执照;不符合登记条件的,不予登记,并书面说明理由。

(3)事项变更:民办学校涉及办学许可证、登记证或者营业执照上事项

第六章 我国民办高校分类管理的推进举措

变更的,需依照法律法规和有关规定到原发证机关办理变更手续。其中,民办本科高等学校办学许可证上除名称外需核准的其他事项变更,由省级人民政府核准。

(4)现有民办学校分类登记:现有民办学校选择登记为非营利性民办学校的,依法修改学校章程,继续办学,履行新的登记手续。现有民办学校选择登记为营利性民办学校的,应当进行财务清算,经省级以下人民政府有关部门和相关机构依法明确土地、校舍、办学积累等财产的权属并缴纳相关税费,办理新的办学许可证,重新登记,继续办学。

对于上述流程,政府要做好规范工作。一是要制定明确的分类标准,根据民办高校的办学定位、办学条件、办学质量、社会声誉等因素,制定清晰、科学、合理的分类标准。二是通知学校自主申报,明确申报材料,要求民办高校根据政府制定的分类标准,结合自身实际情况,自主选择申报为营利性或非营利性高校,并提交相关的申报材料,包括学校的办学章程、财务状况、资产情况等。三是政府要组织好审核评估,相关部门对民办高校的申报材料进行严格审核,并组织专家团队对学校进行实地评估。评估内容可能涵盖学校的办学条件、师资队伍、教学质量、财务管理等方面。四是要做好公示和反馈工作,结果必须在一定范围内进行公示,接受社会监督。对于在公示期间有异议的情况,政府部门进行调查核实,并及时反馈处理结果。五是做好后续监管,政府对分类后的民办高校进行持续的监管,包括定期检查、不定期抽查等,对于违反分类管理规定的民办高校,依法予以处理。通过以上规范流程,政府能够实现对民办高校分类管理的规范和有效引导,促进民办高等教育健康有序发展。

建立长效联合监督机制,不断提高对于民办高校办学行为的监督。一是推动相关利益者共治共管,推动政府、师生、行会组织等多方治理主体释放治理活力。政府进一步简政放权,将一部分权利让渡给第三方审计监督机构、行业行会、社会公众,落实社会对民办高校的监督权。二是建立民办高校办学信息公开制度,学校基本信息、财政信息等按照规定程序和制度,向政府、社会客观地公开信息,增强民办高校办学的公开度和透明度,接受政府、社会的监督,保障民办高校办学行为的规范性。三是建立民办高校办学行为的内部监督制度,按期、按规定程序组织好教职工代表大会,向大会提交报告,通报学校的重大决策、重大发展和重大成果等,明晰学校的发展方向,让教职工有参与治理和监督的权利。当前,一些民办高校的教职工代表大会制度不健全、不完善、不落实,多年不召开一次教职工代表大会的情况也存在,因此建立教职工参与、以教职工代表大会为载体的内部监督机制是非常重要的,这也是联合监督、促进分类管理后民办高校健康发展的重要机制。四是建立民办高校资金与财务管理的监督机制。必须建立财务运行及其基本状况的审计监督制度,组织专业的审计机构对学校内部的财务状况、接受捐助情况等进行全面长期的监督,避免出现办学资金被挪用等一系列问题。政府可以建立与民办高校相关的大数据模型,为分类框架下民办高校的重大决策、资金投入、经费使用等提供参考,稳步推进民办高校分类发展。

第二节 明晰产权,优化配置,加大资金支持

一、加快明晰产权,落实法人财产制度

产权是指自然人、法人对各类财产的所有权、占有权、处置权、使用权、让渡权、收益权等,包括物权、债权股权、知识产权和人力资本产权及其他无形财产权。[①] 产权问题既是民办院校研究的基本理论问题,也是民办院校发展的现实问题。民办学校产权制度是指对民办学校财产划分、确定、界定、

---

① 徐绪卿.民办院校办学体制与发展政策研究[M].北京:中国社会科学出版社,2018:459.

第六章　我国民办高校分类管理的推进举措

保护和行使的一系列规则总和。① 对于民办高校而言,拥有完整的产权是对内行使权利和对外承担义务的基础。由于大多数民办高校在办学时,办学资金集投资、捐资等形式于一体,这些办学资金的来源在一定程度上影响着民办高校产权关系的界定,从而导致一些民办高校产权关系长期处于一种"悬置"的不明晰状态。产权明晰既是民办高校分类管理的前提,也是民办高校有效运作、健康发展的保障。为此,需要加快明晰产权,落实法人财产制度。

首先,明晰产权。解决产权问题的基本思路是彻底明晰不同权利主体之间的权、责、利关系,特别是要明确各权利主体的利益,落实法人财产制度。实际上,民办高校出资人所关心的问题主要是出资人对其投入部分所形成的校产是否拥有所有权及出资人对办学增值的校产部分享有什么权利等。明晰民办高校的产权制度是一个复杂但重要的任务,应该从五个基本方面来明晰产权,落实法人财产制度:一是加强法律规范与政策引导。政府需要制定明确且完善的法律法规,对民办高校的产权进行清晰的界定和规范,明确民办高校的资产归属、出资人的权益和责任等。二是资产清查与评估。民办高校应进行全面的资产清查,包括土地、建筑物、教学设备、无形资产等,并邀请专业的评估机构对资产进行公正、客观的评估。三是区分办学投入与办学积累。要清晰地区分举办者的初始投入和学校在运营过程中的积累,初始投入部分应根据相关约定确定产权归属,而办学积累通常应归属于学校自身。四是明确举办者权益。明确举办者在学校治理、收益分配、决策权等方面的权益,但也要防止举办者过度追求经济利益而损害学校的教育质量和公益属性。五是建立健全监督机制。设立专门的监督机构或引入第三方监督,对民办高校的产权变动、资产使用等进行监督,确保产权明晰的过程合法合规,防止国有资产流失和侵犯师生利益的情况发生,如成立由教育部门、财务专家、法律人士等组成的监督委员会。

---

① 董圣足,袁振国.民办学校分类管理推进策略研究[M].上海:华东师范大学出版社,2019:48.

其次，落实法人财产制度。在明晰产权的基础上，需要进一步落实民办高校的法人财产制度，这是政府推动民办高校分类管理的重要任务。一是要加强法律保障，完善相关法律法规，明确民办高校法人财产的范围、权利和义务。在实践中，各地都制定了详细的法规细则，但关键是要进一步推动落实。例如，政府可以要求民办高校在注册时提交详细的财产清单，包括土地、房产、教学设备等的产权证明。二是规范资产登记。对民办高校的各类资产进行全面、准确的登记，包括土地使用权、校舍、教学科研设备等，确保资产的权属清晰。三是强化财务审计。定期对民办高校的财务状况进行审计，确保法人财产的使用合规、透明，审计内容可包括资金的来源和去向、资产的增值与折旧等，每年可由专业审计机构对民办高校进行财务审计，并向社会公布审计结果。四是杜绝关联交易。严格监管民办高校与举办者或关联方之间的交易，防止通过不正当的关联交易转移法人财产，可以出台细则规定，若民办高校与关联方交易，则必须经过严格的审批程序和公示。五是加强监管力度。教育主管部门要加强对民办高校法人财产制度落实情况的监督检查，对违规行为进行严肃处理，对未按照规定和要求落实法人财产制度的民办高校给予警告、限制招生甚至吊销办学许可证等处罚。六是提高举办者意识。通过培训、宣传等方式，提高民办高校举办者对法人财产制度重要性的认识，增强其遵守制度的自觉性，并且加强信息公开制度建设，民办高校定期公开法人财产的相关信息，接受社会的监督。

落实民办高校的法人财产制度，还有一个重要前提是对民办高校法人财产的保障。《民办教育促进法》和《国务院关于鼓励社会力量兴办教育促进民办教育健康反正的若干意见》中都明确强调，学校存续期间，所有资产任何组织和个人不得侵占。《营利性民办学校监管管理实施细则》的出台加强了对民办高校财产安全的保护，要求营利性民办高校收入应当全部纳入学校开设的银行结算账户；通过在主管部门备案账户来监管非营利性民办高校收取的费用及开展活动的资金往来情况，很好地保障了非营利民办高校的非营利性质。从另一个纬度考虑,这也是对于营利性和非营利性民办高校实行的不同监管。在分类管理政策框架下,新法新政确立了民办高校的法人财产权,要求所有的民办高校举办者都必须把财产过户到学校名下;同时,还建立了营利性民办高校学费收入的专户口管理制度和非营利民办高校的关联交易制度,这些制度的设立,既保证了民办高校产权的安全性,也促进了民办高校的稳定可持续发展,还很好地保护了接受教育的学生及其家长的权益。

二、优化财政资金投入,鼓励民办高校分类发展

从分类管理的程序和逻辑上分析,在明晰了产权、落实了法人财产权之后,民办高校学校就有了分类管理的基础,民办高校可以按照相关法律规定进行分类选择。同时,政府要给两类学校一个明晰的政策方向,尤其是财政扶持政策,也就是说政府可以根据学校属性制定一个清晰的财政扶持体系。在分类管理之前,由于我国在2003年《民办教育促进法》中提出了"合理回报",这一鼓励政策在某种程度上被一些民办高校解读为可以营利,并在实际办学中实行了营利,政府很难区分哪一些民办高校实行了变相营利,哪一些民办高校实行了"合理回报",哪一些民办高校真正实行了非营利性办学,这种情况在很大程度上影响了政府对民办高等学校实行财政投入的政策。随着2010年《国家中长期教育改革和发展规划纲要(2010—2020年)》的颁布实施,国家实施高水平大学建设,在民办高等教育领域也提出了建设高水平的民办大学。一些举办者认为,建设高水平民办大学离不开国家、政府的财政扶持,呼吁国家和地方政府对民办高校进行财政资金投入。在国家层面上,明确指出要"健全公共财政对民办教育的扶持政策",但是必须是一个"分类管理、差异化扶持的政策体系"。

因此,优化财政资金投入,需要以推进分类为前提。政府需要推进民办高校的分类管理登记工作,明确营利性和非营利性民办高校的界限和对象,

按照相关的法规和程序,对两类高校在登记准入时的资产情况、办学规模及其资金投入需求进行评估。地方政府要根据分类支持政策,根据需求对民办高校给予不同形式的支持,非营利性民办高校可以加大财政支持力度,如更多的财政补助、专项拨款等,以助力其更好更优地发展。而对于营利性民办高校,则鼓励其更充分地发挥市场作用,通过市场竞争实现高水平特色发展,对于一些特色专项等也可以适度支持,重在鼓励。

当然,政府的财政支持是有限度的,举办民办高校也是主要致力于发挥市场作用,减轻政府财政压力。因此,政府还可以通过设立专项基金的形式来扶持,中央和地方政府可以设立民办教育发展专项基金,用于支持民办高校的发展,包括改善教学设施、提升师资水平、开展教育教学改革等项目。对于获得财政支持的民办高校,政府应该加强绩效评价,根据民办高校的分类情况及其发展目标,定期评估其在教学质量、人才培养、科研成果等方面的表现,并根据评估结果,调整财政资金的投入力度和支持方向,以激励民办高校提高办学水平和教育质量。

从当前的财政扶持政策上看,各地财政资助政策差异很大。当然,对于推进分类管理,关键是要看分类扶持政策。由于民办高校在选择非营利性与营利性学校时,一定会着重考虑政策扶持政策,尤其是财政资金支持力度,因此从总体上看,政府需要对分类扶持政策有一个明晰的制度规定,重在鼓励分类管理后实现两类民办高校的差异化、分类发展。

第三节 明晰定位,理顺体制,推进治理机制改革

一、两类民办高校的社会角色定位

按照民办高校分类管理的政策精神,营利性民办高校和非营利性民办

第六章 我国民办高校分类管理的推进举措

高校充当着民办教育发展的不同角色,承担着不同的社会功能。厘清两类民办高校的社会角色,明晰两类民办高校的社会角色定位,也是民办高校分类管理、分类发展的一个基本前提。

非营利性民办高校是以公益性目标为导向的民办教育机构,非营利性民办高校的角色定位应突出公益性、社会性、发展性等特征,主要体现为:(1)公益性办学主体。非营利性民办高校坚持公益性,兼顾社会价值和经济价值,以服务社会、满足人民群众多样化教育需求为主要目标,不以获取经济回报为直接目的。(2)教育质量的追求者。非营利性民办高校将更加注重教育质量,通过提高教学水平、科研能力和人才培养质量,来提升学校的整体竞争力和社会声誉。(3)教育改革的先行者。非营利性民办高校在教育改革方面具有更大的灵活性和创新性,探索新的教育模式和办学机制,为教育改革提供经验和示范。(4)教育公平的促进者。非营利性民办高校将致力于促进教育公平,为不同社会群体提供平等的教育机会,特别是为弱势群体和贫困地区提供更多的教育支持。(5)教育创新的探索者。非营利性民办高校将积极探索教育创新,包括课程体系、教学方法、评价机制等方面的创新,以适应时代发展和人才培养需求。(6)社会责任的承担者。非营利性民办高校将积极承担社会责任,通过教育扶贫、社区服务、公益活动等方式,为社会进步和文明发展做出贡献。(7)政策导向的响应者。非营利性民办高校将积极响应国家教育政策,按照国家对民办教育的分类管理和差别化扶持政策,规范办学行为,实现可持续发展。(8)现代大学制度的实践者。非营利性民办高校将不断完善内部治理结构,建立健全现代大学制度,实现依法治校、民主管理和科学决策。非营利性民办高校在未来将扮演更加重要的角色,通过坚持公益性办学、追求教育质量、参与社会服务等,为推动教育事业和社会发展做出积极贡献。

相比而言,营利性民办高校的突出特征表现为市场性、服务性、多样性,主要体现为:(1)市场需求的响应者。营利性民办高校一般会依据其营利性办学要求,根据市场和学生的需求来制定收费标准,并将这些收入用于自身的运营和发展,从而更加注重市场化运作,来提升学校的竞争力。(2)教育服务的提供者。作为企业法人,营利性民办高校将提供包括学历教育、职业培训、继续教育等多样化的教育服务,以此来满足不同消费群体的教育需求。(3)教育质量与品牌建设者。为了在竞争激烈的教育市场中脱颖而出,营利性民办高校可能更注重教育质量的提升和学校的品牌营销,以此来建立良好的社会声誉。(4)资本运作的参与者。营利性民办高校积极参与资本市场运作,通过上市、并购等方式实现规模扩张和品牌提升。(5)教育生态的贡献者。营利性民办高校作为一种新的办学形式,通过提供多样化的教育服务,丰富教育生态,促进教育多元化发展。营利性民办高校在未来的发展中,也将需要在追求经济效益的同时,注重教育质量和社会责任,实现可持续发展。(6)更多的自主权。相对于非营利性民办高校,营利性民办高校在招生、教学、管理等方面拥有更多的自主权。它们可以根据市场需求和学生需求来制订教学计划和课程设置,以满足不同学生的需求。

二、理顺两种类型民办高校的治理体制机制

(一)两类民办高校的治理机制的差异

营利性民办高校和非营利性民办高校由于身份性质的差异,在内部治理上存在诸多不同。在治理目标上,营利性民办高校的内部治理目标可能更倾向于追求经济效益和股东回报,而非营利性民办高校更侧重于教育质量和社会效益,其收益再投入于学校的发展和教育事业。在治理结构上,两者都可能采用理(董)事会制度,营利性高校的理(董)事会可能更强调投资者权益和利润分配,而非营利性高校的治理结构则可能更强调教育公益性和利益相关者(如教师、学生、校友等)的参与。在治理机制的侧重点上,营利性民办高校的内部治理机制更偏向于企业化运作,强调效率和市场竞争

力,而非营利性民办高校的治理机制可能更注重教育规律和学术自由,以及内部民主和透明度。从利益相关者的参与度上看,营利性民办高校可能更多地关注投资者和股东的利益,而非营利性民办高校可能更强调包括教职工、学生在内的多方利益相关者的参与和权益。在监管要求上,营利性民办高校作为企业法人,需要满足企业相关的法律法规要求,包括税务、财务报告等方面,而非营利性民办高校受到教育法规和非营利组织相关法规的监管,更强调办学的公益性和非营利性。在资金使用和分配上,营利性民办高校可以将办学结余分配给投资者或再投资以获取更多的利润,而非营利性民办高校的所有办学结余必须用于学校的再发展,不得分配给举办者或其他个人。在政策和法规的支持上,营利性民办高校可能享有较少的政策优惠,但有更明确的市场定位和利润追求空间,而非营利性民办高校可能会获得政府更多的扶持和优惠政策,以鼓励其公益性办学。在社会认可度和形象上,营利性民办高校可能面临更多关于其办学动机和质量的社会质疑,而非营利性民办高校可能更容易获得社会的认可和支持,因为其办学目标与公共利益更为一致。两者治理机制的差异见表6.1。

表 6.1 营利性和非营利民办高校治理机制的差异

治理机制	营利性民办高校	非营利性民办高校
治理目标	追求经济效益和股东回报	侧重教育质量和社会效益
治理结构	强调投资者权益和利润分配	强调教育公益性和利益相关者的参与
治理机制的侧重点	企业化运作	注重教育规律和学术自由
利益相关者参与度	关注投资者和股东的利益	强调多方利益相关者的参与和权益
监管要求	满足企业相关的法律法规要求	强调办学的公益性和非营利性
资金使用与分配	将办学结余分配给投资者或再投资以获取更多利润	所有办学结余须用于学校的再发展
政策和法规支持	享有较少的政策优惠	可能获得政府更多扶持和优惠政策
社会认可度和形象	容易受质疑	容易获得认可和支持

总体而言,营利性与非营利性民办高校的内部治理虽然在有效的决策机制、监督和透明度等方面可能存在着一定的相似之处,但在治理目标、治理结构、治理机制的侧重点及利益相关者参与度等方面存在明显差异,这些差异反映了两者在办学性质和目标上的不同取向。

(二)协同两类民办高校的治理机制

在明晰营利性和非营利民办高校的社会角色定位后,可以通过协调与理顺两类民办高校的治理体制,来进一步确保其健康可持续发展。

(1)完善非营利性民办高校内部治理机制。当前,我国民办高校的内部治理还面临着民办高校法人治理结构不够健全、民办高校章程和规章制度不够完善等现实困境。[①] 为此,对于非营利性民办高校而言,需要清晰内部治理结构、权责边界,建立健全内部治理结构,包括理(董)事会、监事会和执行管理层,确保决策过程透明、合理。强化非营利性民办高校内部监管机制,加强对非营利性民办高校的财务监管,防止资金滥用和挪用,确保办学结余全部用于学校发展。积极推进利益相关者参与非营利性民办高校的管理,鼓励教师、学生、校友等利益相关者参与学校治理,提升决策的民主性和合理性。完善内部决策流程,通过建立科学、高效的决策流程,确保学校战略发展和日常管理的连贯性和一致性。此外,非营利性民办高校需要提升决策透明度,通过校务公开和信息披露,增强外界对学校的信任,促进社会监督。

(2)完善营利性民办高校内部治理机制。必须构建由理(董)事会、股东会和经理层等组成的内部治理体系。配备数量合适的经理层执行官,这些执行官都必须具有相关专业背景及丰富老练的管理经验,并为学校事务的管理做出了巨大贡献。而在民办高校治理框架当中,理(董)事会负责联系沟通股东和执行官的双方,在集团内部治理中起到关键作用。内部企业式

---

① 陶芳铭.分类管理背景下的民办高校治理机制研究[J].黄河科技学院学报,2020,22(6):1-5.

治理体现在集团理(董)事会下设置了四个委员会机构,分别是独立理(董)事会、财务委员会、薪酬委员会及提名与治理委员会。设立独立理(董)事会从客观角度为公司决策进行风险评估,协助理(董)事会推进日常工作。设立财务委员会对企业内部财务情况进行审核并在资金状况、投资战略、商业并购等方面为理(董)事会提供合理的建议。设立薪酬委员会用于评估、分析集团内部各部分成员薪酬的合理性及有效性,审视集团内部的薪资结构是否存在风险,并制定类似股票分红等一系列的企业激励计划,以调动成员的积极性。设立提名与治理委员会以遴选理(董)事会成员、参与理(董)事会内部人员变动、变革理(董)事会治理结构、评估理(董)事会表现等一系列活动。相较于非营利性民办高校,营利性民办高校通过构建理(董)事会—委员会的垂直权力治理结构进行内部治理,建立起一套现代集团办学的企业制度,能够在一定程度上减少监督成本,缩短决策周期,加快推进企业政策的发展实施。在这种治理框架当中,理(董)事会由股东大会产生并对其负责,在决策上层降低了代理成本,使股东大会对集团发展规划等事项的意见更好地在执行层得到实施与监督,使企业的各项政策能够迅速落地并取得成效。

(3)协调营利和非营利两类高校共同发展机制。加强政策支持与引导,督促政府出台相关政策,对营利性和非营利性两类民办高校的治理体制进行指导和支持。精细化分类管理,根据营利性和非营利性的不同特点,实施分类管理,制定差异化的支持政策。加强法规建设,完善相关法律法规,为民办高校的治理提供法律依据。激励与约束并重,在鼓励民办高校发展的同时,通过监管和惩戒机制约束不当行为。建立持续监督与评估的常态化机制,建立持续的监督和评估体系,确保民办高校的治理体制有效运行。

通过完善营利性和非营利性民办高校的内外部治理机制,逐步理顺营利性与非营利性民办高校的治理体制,协调两类民办高校共同朝着规范化、法治化的道路健康发展。

三、两种民办高校内部治理的典型案例

（一）人力资本单边控制模式

我国民办学校发展至今有多种创办方式，很多非营利性民办高校实施家族式控制治理模式，即人力资本单边治理模式。[1] 该模式源于我国民办高等教育的发展初期，学校举办者往往是公办学校的退休管理人员与教师，他们一般不会将物质资本注入学校，却身兼数职，在行政与教学两大管理板块之中都享有较高的决定权，是学校的控制人，采用的是人力资本单边治理。对于举办者而言，他们投入的是人力资本，学校在发展初期规模比较小，以自身滚动的形式实现了资产积累。在这种模式下，人力资本是学校创办团队共同拥有的。在人力资本单边治理模式之中，非营利性民办高校与营利性民办高校相反，在办学控制权、出资人和办学管理人中，反而是后者强势而前者稍微逊色。王邦永认为该治理模式中往往有横纵向两种模式：在横向的家族治理模式中，举办者将学校治理的关键管理岗位都换为自己的亲属任职；在纵向的家族治理模式中，举办者往往让自己的子女参与学校的治理，并逐渐坐稳学校的头号交椅，从"民一代"华丽转身成为继承者"民二代"。有些家族式民办学校的理（董）事会在形式上显得多元化，实际上都是举办者家族的利益代言人，理（董）事会多数成员都是举办者的亲戚，其他非血缘关系的理（董）事会成员都是"荣誉董事"，没有能力参与到学校的关键决策中。这种情况导致理（董）事会决策有明显的"血缘化"特点，学校的办学权力由血缘关系在家族内部继承。而理（董）事会成员对非家族成员者缺乏足够的信任，这两者之间的关系越来越不对等，这也是部分家族型民办高校难以留住优秀管理人才及顶尖师资力量的原因，大部分教职工只是为了追求"跳槽""上岸"而在此类民办学校过渡，更何谈吸引优秀人才充实管理

---

[1] 王邦永.营利性民办高校法人治理研究[D].上海：华东师范大学，2022.

层？家族型民办高校往往与家族型企业一样，出现"一代创、二代守、三代败"的发展规律。

（二）营利性上市民办学校治理模式——以中教控股为例

作为中国民办教育集团龙头企业，2017 年，中教控股以 VIE 形式在香港联交所主板上市。在上市以后，中教控股开始了资本并购的狂潮，集团花费巨额资金并购多所营利性民办学校，作为港股民办高校市值最高、拥有学校最多的企业，中教控股长期被人戏称为名副其实的"三本之王"。集团式的并购办学一方面在办学收入上给中教控股带来了丰厚的收入，另一方面并购后的偿债压力也在一定程度上使中教控股的并购之路放慢了脚步。虽然在经济下行的状况下，中教控股的账面仍能实现两位数的营收增长，但从总体来看，中教控股在 2022 年度的规模增速与净利润增速明显放缓。中教控股银行借贷略超出其集团现金储备，整体经营存在一定风险。2022 年度，中教控股进行了内部调整。相较于外延式的并购扩张式办学，中教控股选择内涵式发展，因而短期阵痛在所难免。而在资本市场，中教控股也在经历了前期的快速增长后，出现了股价的大幅下滑。从 2021 年下半年至 2022 年，其 20 港元的股价已下滑到不到 8 港元，缩水了 6 成。这些可能都是中教控股的阵痛反应。在企业内部结构上，中教控股借鉴了国外的营利性民办学校的经营管理方式，在管理层面上表现出规范化、系统化、科学化的特点。

中教控股董事会十分重视风险管理及内部管理，董事会作为决策机构，对企业的规划发展做出严谨的风险评估后才会予以批准，与此同时设立独立非执行董事及雇佣第三方决策团队，为董事会决策提供合理、科学的决策意见。审计委员会行使审计权力的同时，中教控股建立了一套 ERP（企业资源计划）系统风险控制机制，以避免发生财务风险及重大决策失误。除此以外，董事会下设立的三个高级管理团队在财务管理、战略投资及集团运营中作为智囊团进行审计辅助。董事会、薪酬委员会、审计委员会、提名委员会各司其职，并有独立机构、第三方机构为管理经营进行监督、提供建设性意见,中教控股以一套科学系统的完整内部治理结构来实现企业内部的稳步发展。与此同时,中教控股充分发挥"专家治校""大师治校"的作用,聘请国内外拥有教育经历及教育经验的专家博士,为集团化办学提供教育上的智力支持。

四、走向多元主体参与的共同治理范式

中国民办高等教育已经进入分类管理、规范办学的新阶段。《民办教育促进法》的实施,明确了民办学校可以选择设立为非营利性或营利性,为民办高校的治理模式提供了新的路径。对于非营利性民办高校而言,共同治理模式有利于决策机构成员结构的多元化、高校权力配置的合理化,有利于形成有效的制衡机制,平衡内外部权力和保障教师权利。而对于营利性民办高校而言,共同治理模式同样重要,它有助于确保学校的运营符合教育规律和社会期望,同时实现投资者的合理回报。

民办高校在走向多元主体共同参与的共同治理范式过程中,需要考虑以下几个关键方面:(1)识别利益相关者。识别所有利益相关者,如学校管理层、教职工、学生、家长、投资者、政府及社区等。(2)制定共同治理结构。建立一个包含多元主体代表诸如董事会或理事会的治理结构,确保各方利益和声音都能得到表达和考虑。(3)完善决策机制。制定公平透明的决策机制,确保所有利益相关者都能参与到学校的治理和决策过程中。(4)增强透明度和问责性。提高学校运营的透明度,确保所有决策过程和结果都能被监督和问责。(5)促进沟通和协作。建立有效的沟通渠道,促进不同利益相关者之间的信息共享和协作。(6)法律和政策支持。确保共同治理模式符合相关法律法规,并寻求政府和政策层面的支持。(7)培养共同治理文化。在校园内外培养一种共同治理的文化,鼓励所有利益相关者积极参与学校治理。(8)平衡营利与社会责任。在追求经济效益的同时,关注学校的社会责任和教育质量,实现经济效益与社会责任的平衡。

民办高校可以借鉴已有的多元主体共同治理的理论和实践,通过上述步骤,逐步构建起一个更加开放、包容和高效的治理模式。

第四节 强化预警,规范引导,杜绝办学风险

一、实施分类管理风险点预警制度

为了规范民办高校的风险管理工作,可以从内、外两个方面来实施分类管理风险点预警机制。

一方面,制定符合民办高校特点的风险预警管理制度。具体而言,可以制定诸如预警指标、责任分工、风险评估和应对举措等一系列方案,以便及时发现并预防各类风险事件。[①] 预警指标体系可以包括财务、教学质量、安全以及法律合规风险等方面。财务风险预警指标主要包括预算执行情况、经费使用情况等;教学质量风险预警指标可以从教师队伍建设、学生满意度、教学成果等方面来制定;安全风险预警指标主要包括校园安全设施、饮食安全、交通安全等;法律合规风险预警指标包括教师资质、学生注册情况、涉诉案件等。在制定好预警指标后,需要明确学校风险预警管理工作领导机制,强化责任意识,各司其职,确保风险预警管理制度稳定运行。

另一方面,健全外部监督管理机制。各地都在《关于鼓励社会力量兴办教育促进民办教育健康发展的实施意见》中围绕健全监管机制做了相应规定,[②]如加强民办教育管理机构建设;强化民办教育督导;完善民办高校年度报告和年度检查;加强对新设民办高校举办者的资格审查;完善民办高校财

---

① 董圣足.民办学校分类管理配套制度及过渡措施研究[M].上海:立信会计出版社,2022:242.
② 董圣足,袁振国.民办学校分类管理推进策略研究[M].上海:华东师范大学出版社,2019:199.

务管理制度;推进民办教育信息公开;建立违规失信惩戒机制;健全联合执法机制,加大对违法违规的查处力度;大力推进管办评分离等。

当前,在分类管理过渡期内,出现了很多民办高校举办者变更的情况,其中的问题比较多,这是当前分类管理中一个比较重要的风险点。从举办者层面分析,为了规避当前分类管理之后学校政策走势的不确定性,举办者变更相当频繁,变更程序也不够规范,有较大的随意性,相互之间经过协商,甚至理(董)事会内部没有商议,也没有进行财务清算,在产权不清或者没有明晰的前提下,仅凭一纸协议就完成了交易,资产交易不规范;或者没有履行向地方教育行政主管部门报告的程序,新的举办者是否符合举办者资质,也未经主管部门的审核,就完成了交易。因此,我们看到,存在一部分变更情况具有明显的商业利益关系,裹挟了学校的办学行为,给正常的办学活动带来了风险。从行政监管层面分析,地方政府对于民办高校办学行为监管不力,缺乏对于民办高校发展的监管跟踪,部门之间不协同、不沟通,综合治理水平低;同时,对于违规甚至违法的办学行为及变更行为处置不力,甚至当事者做"老好人",拖延处理,最后不了了之。当前,法律法规对于举办者变更申请、行财务清算、资产产权明晰、举办者资质条件等进行前置性审查时未做明确的操作性细则规定,若监管不到位,很可能导致办学行为风险,这给民办高校举办者变更带来了挑战,监管部门应该及时进行制度性规范。

二、加强对民办高校举办者的引导

在分类管理过渡期间,一些民办高校举办者出于自身利益的考虑,通常会采取变更举办者的方式来实现学校收益权和控制权的转移,从而获取收益。为此,可以从规范举办者变更规程,减少举办者变更风险入手,建立举办者变更风险防范与信息公开制度[1]。从推进举办者加快资产过户、优化资

---

① 李虔,刘亮军.民办高校分类管理的风险识别与防范[J].浙江树人大学学报,2020,20(3):14-19,26.

第六章 我国民办高校分类管理的推进举措

产过户的税费优惠政策、健全资产管理和财务会计制度等方面来强化对民办高校举办者的引导。

由于民办高校的筹资建设问题及上市企业自身的特殊性，必然造成民办高校对于学校治理的控制能力减弱。这表现在大部分民办高校的所有权和治理权界限划分不清，举办者、出资人出于各种目的，将民办高校的决策权、管理权牢牢控制在自己手中。重大决策往往绕开党组织、理（董）事会、教职工学生等一系列群体进行单独决策，这种治理方式往往加大了民办高校的治理风险，不利于民办高校内涵式发展、长期性建设。这种由出资人掌控、理（董）事会虚设或者党组织、理（董）事会缺乏对于决策的影响力，决策团队逐渐"单一化"的治理方式被称为单边治理模式。在该模式下，往往是举办者、出资人掌握着控制权，而教职工仅拥有较弱的权力，因而出资人和教职工所拥有的控制权是完全不对等的。在理（董）事会进行的决策过程中，举办者要维护出资人的利益，在管理事务过程中拥有绝对主权，由此形成的内部治理结构凸显了出资人的重要性。由于民办高校内部管理人员与出资人的雇佣性质，理（董）事会成员往往受到利益关系影响而成为出资人的"话事人"。在理（董）事会中能够掌握企业集团"生杀大权"的往往是代表出资人、举办者利益的人。教职工作为民办高校当中重要的利益相关主体，本应在学校建设、民主监督等多方面表达自己的诉求并争取自己的利益，却并没有合理的渠道和地位去参与决策和发声。在该治理模式中，党组织、教职工、学生等利益相关主体只是在企业制订战略规划、办学理念及对学校重大事务进行决策时挂名，无法公正客观地对公司内部管理决策进行民主监督、建言献策，这是一种类似于有限责任公司股东单边治理的模式。出资人为了获得学校的控制权，往往私下就对学校的决策机构内的成员名单进行了定夺，出资人往往都牢牢掌握着民办高校的控制权。

三、强化风险控制，杜绝办学风险

为了规避单边控制模式下的所带来的办学风险，民办高校内部治理必须走向以利益相关者共管共治为主体的参与式共治。在民办高校内部治理结构上必须坚持以学校党委为最高领导，坚持民办高校的社会主义办学性质并保障教育的公益性，在此基础上以理（董）事会作为定夺学校各项重大事务、决策的最高决策核心。民办高校党委通过发挥政治核心作用和执行政府对民办高校的督导功能来强化党的领导和建设。[①] 理（董）事会内部成员必须吸纳学校党委、校长、监事会、教职工等多个民办高校内部的利益相关者，在制定学校发展战略方向、重大办学决策上必须听取各方的建议意见，有利于提高民办高校内部治理决策的科学性和民主性，减少民办高校出现决策性失误的风险。除此以外，民办高校必须坚持"专家治校"和"教授治学"的统一，在民办高校内部治理中必须重视校长在学校日常管理、处理学校内部事务上的作用，必须提高校长治校综合能力，给予校长的职责权利以足够的尊重，推动民办高校治理行稳致远。在监督检查方面，校党委联合监事会形成民办高校治理内部的监督机构，对学校内部事务、财务情况及重大事务决策起到监督作用，保证民办高校内部治理健康有序。增强党委对于民办高校的领导，坚持社会主义办学方向，通过形成以利益相关者为主体的参与式共治，有利于厘清民办高校内部治理各部门的职责任务，提高学校内部治理管理能力，促进民办高校内部形成协同效应，推进优化增强学校内部治理，形成控制办学风险的有效治理机制。

---

① 李延保.民办高校如何加强党的领导和建设——兼谈民办高校治理和大学文化建设[J].河北师范大学学报（教育科学版），2024，26（2）：1-11.

第七章 上海市民办高校分类管理典型案例

第七章　上海市民办高校分类管理典型案例

上海市是我国高等教育的重镇,是改革开放的排头兵,自 20 世纪 80 年代以来,上海市的民办高等教育起步早、发展快。作为我国城市发展的先锋之一,上海市的教育资源具有得天独厚的优势,其分类管理改革的进行对教育事业的可持续发展起到重要作用。2011 年初,国务院办公厅发文将上海市列为分类管理改革试点地区之一,上海市分类管理改革的探索,为在全国范围内稳步推行分类管理提供了经验和借鉴。根据中央对政府职能转变的要求,同时为贯彻落实国家法律法规有关实施非营利性和营利性民办学校分类管理的规定,上海市作为教育综合改革试验区,要通过地方制度建设明确民办教育的管理责任和义务,明晰政府监管的边界,并建立健全适合不同类型民办学校发展的鼓励与规范机制,为各级各类民办学校的健康发展提供更好的制度空间和政策环境。随着上海市在 2017 年颁布的《上海市人民政府关于促进民办教育健康发展的实施意见》《上海市民办学校分类许可登记管理办法》等相关配套文件的先后出台,上海市民办高校分类管理工作井然有序推进。2021 年底,上海市民办高校分类转设工作已经全部完成,上海市现有的 17 所民办高校(含两所独立学院),占全市高校总数(64 所)的 26.6%,其中有 11 所登记为非营利性民办高校,6 所登记为营利性民办高校,并且已全部完成登记手续。两所独立学院的转设工作仍在进行中。

第一节　上海市民办高校发展历程

一、兴起阶段(20世纪90年代初)

在20世纪90年代初,上海市由于初高中脱钩政策和多元办学的需求,许多重点中学的初中部改转为民办,无论在资金还是师资力量方面都进展得相对顺利。在民办初中办得风生水起之际,各路资本进入教育市场,从幼儿园到大学,各类民办学校如雨后春笋般纷纷成立。1992年,上海市第一所民办大学杉达学院在浦东诞生,其成立标志着上海市民办高等教育进入一个新的发展阶段。上海市建桥学院则于1999年由几位具有远见卓识的浙商集资举办,经过20余载的探索与发展,上海建桥学院已从一颗初露锋芒的教育新星,成长为在上海市乃至全国范围内都颇具声誉的全日制本科高等学校。

二、扶持与规范并举发展阶段(21世纪初)

在1998—2005年期间,上海市迅速增加了10余所民办普通高校,其创建方式主要有三种:一是完全由社会力量(企业家个人或组织)投资兴办的新建民办高校,初始学历层次以专科(含高职)为主,经过一些年的发展,通过上级教育主管部门的相关评估,循序获得本科办学资格;二是原有的公办中专(含中职、技校)在高中扩招的影响下生源锐减,由社会力量对其进行收购、投资、重组,通过校区置换等方式搬迁到郊区,经上级教育主管部门评估达标后,升级为专科(含高职)层次的民办普通高校;三是独立学院,即由公办高校与社会力量合作办学,公办高校在初始阶段提供教学师资、学科建设等扶持,独立学院的性质也为民办,有独立法人和独立招生资格,初始办学层次一般为本科。这三类民办高校依托上海国际大都市的区位优势,绝大

第七章 上海市民办高校分类管理典型案例

多数都度过了最初的基础建设阶段,生存至今。

2003年9月,《中华人民共和国民办教育促进法》颁布实施,上海市政府随即出台了鼓励民办教育发展的政策,自2005年起设立"促进民办教育发展政府专项资金",规定上海市民办高校学生与公办高校学生同等享受国家助学金、上海市奖助学金和国家助学贷款、副食品补贴、大学生医疗保险等资助项目。在2005年与2010年这两个重要的时间节点上,上海市分别举行了民办教育工作会议。2005年的民办教育工作会议,正值我国民办教育蓬勃发展的黄金时期。会议以"促进规范、鼓励创新、提升质量"为主题,深入分析了民办教育面临的机遇与挑战,强调了规范办学行为、优化教育资源配置、加强师资队伍建设等关键任务。2010年,随着国家教育改革的不断深入和民办教育法规政策的不断完善,上海市再次召开民办教育工作会议,旨在进一步推动民办教育的高质量发展。此次会议以"创新驱动、内涵式发展、特色办学"为核心议题,深入探讨了民办教育在创新驱动发展战略中的作用与贡献,强调了内涵建设、特色发展对于提升民办教育竞争力的重要性。两次民办教育工作会议的召开,不仅体现了上海市政府对民办教育的高度重视和关心支持,也彰显了民办教育在推动教育现代化、促进教育公平中的重要地位和作用。

上海市坚持"扶持与规范并举""分类扶持、依法规范"等规范民办教育发展的思路,出台和实施了一系列扶持鼓励政策和举措;探索试点民办学校非营利制度,支持部分民办高校创建非营利性民办高校示范校,推动民办高校加强内涵式建设,开展小规模、高水平民办高校建设试点;实施民办高校"强师工程",成立民办高校教师专业发展中心;完善民办学校财务管理制度,制定民办高校财务管理办法与会计核算办法,推进民办高校落实法人财产权,落实民办学校办学自主权,继续实施民办高校与公办高校同批次招生录取制度;规范民办学校管理,建立适合民办教育特点的党建工作与年度检查、督导制度;探索建立第三方参与民办教育治理的模式等。

三、内涵提升与分类管理阶段(2016年后)

"十三五"期间,上海市坚持分类管理、创新发展、提升质量的基本思路,注重机制创新,突出内涵式建设,逐步建立适应上海城市发展定位要求、满足人民群众多样化教育需求的民办教育体系。"十三五"期间,上海有民办普通高校19所(其中本科层次5所,高职专科层次14所),普通本专科在校生达12.59万人,占全市高校普通本专科在校生总数的23.28%[1]。

其间,上海市积极探索内涵建设路径,继续加大对非营利性民办学校的支持力度,探索民办教育基金会运作机制和民办学校融资制度,加强特色民办学校建设,推动民办学校完善治理结构,建立民办教育购买服务制度和民办教育第三方评价机制六大改革项目,推动民办教育改革发展;按照分类评价体系实行民办高校评价制度,持续开展民办高校"强师工程"、民办高校教师技能大赛等项目;建立引导内涵式发展的扶持政策,启动市级建设财力对非营利性民办高校实验实训中心建设的补助项目;制定《上海市促进民办教育发展专项资金管理办法》,支持民办高校教育教学条件改善、学科专业建设和师资队伍建设;实施"民智计划",培育"民办教育+"的复合型中青年骨干人才。

通过上述改革,上海市民办高校取得了显著成绩。例如,上海杉达学院、上海立达学院、上海建桥学院等学校入选了不同级别的优秀民办高校名单。这些学校在师资队伍建设、教学设施、科研能力等方面均有不俗的表现,为学生提供了优质的教育资源。

自二次修订后的《民办教育促进法》实施以来,上海市根据分类管理的要求和规定,制定了一系列民办教育分类管理制度,将民办高校分为不求回

---

[1] 上海民办教育.上海市民办教育发展"十四五"规划[EB/OL].(2022-05-05)[2024-05-18]. https://edu.sh.gov.cn/mbjy_fgwx_mbjy/20220729/df1bc9d7facb42fda7670c586484722b.html.

报的非营利性学校和要求回报的营利性学校,加大了对非营利性学校的资源投入,加强了对营利性学校的严格监管,同时继续对政府投入资金和学校学费实行专款专户管理,根据内涵建设实行差别化扶持发展政策。

第二节　上海市实施分类管理的主要政策

一、实行民办高校分类登记管理

上海市民办高校分类登记管理情况主要分为非营利性和营利性分类管理。2017年底,上海市颁布了《上海市人民政府关于促进民办教育健康发展的实施意见》,要求在2018年底前民办学校要做出属性选择并提交书面材料,如果选择登记为非营利性,应当在2019年底前,依法修订学校章程、完善法人治理结构和内部管理制度后继续办学;如果选择登记为营利性,应当在2021年底前,依法进行财务清算、办理法人登记手续后继续办学[1]。同时,上海市颁布了《上海市民办学校分类许可登记管理办法》,进一步明确了市人社局、民政局、工商局及其他部门关于分类登记的职责,统筹负责民办学校的实施规划、许可和法人登记,并予以监督管理,并对学校法人治理结构、现有学校过渡、补偿奖励和综合监管等方面进行了进一步的细化[2]。举办者可以自主选择举办非营利性民办学校或者营利性民办学校,但需依法依规办理许可和登记手续。

截至2018年底,上海市17所民办高校完成了办学属性的选择。截至

---

[1] 上海市人民政府.上海市人民政府关于促进民办教育健康发展的实施意见[EB/OL].(2017-12-26)[2024-05-16].https://www.shanghai.gov.cn/nw42929/20200823/0001-42929_54888.html.

[2] 上海市人民政府.关于印发《上海市民办学校分类许可登记管理办法》的通知[EB/OL].(2017-12-26)[2024-05-18].https://www.shanghai.gov.cn/nw41430/20200823/0001-41430_54536.html.

2019年底，11所选择非营利性的民办高校完成了过渡手续。2021年底，6所选择营利性的民办高校完成了过渡手续。上海市民办高校分类基本情况如下。

非营利性民办高校（11所）：上海兴伟学院（本科）、上海杉达学院（本科）、上海外国语大学贤达经济人文学院（本科）、上海视觉艺术学院（本科）、上海师范大学天华学院（本科）、上海东海职业技术学院、上海电影艺术职业学院、上海中侨职业技术学院（本科）、上海邦德职业技术学院、上海济光职业技术学院、上海工商职业技术学院。

营利性民办高校（6所）：上海工商外国语职业学院有限公司（简称：上海工商外国语职业学院）、上海震旦职业技术学院有限公司（简称：上海震旦职业学院）、上海思博职业技术学院有限公司（简称：上海思博职业技术学院）、上海建桥学院有限责任公司（简称：上海建桥学院）（本科）、上海立达学院有限公司（简称：上海立达学院）（本科）、上海民远职业技术学院有限公司（简称：上海民远职业技术学院）。

二、关于两类高校的差别化扶持政策

上海市颁布《上海市人民政府关于促进民办教育健康发展的实施意见》在财政扶持、税费优惠、差别化用地、分类收费、教师权益、学生权益等方面给予了两类民办高校不同程度的支持。

（1）财政扶持：加大财政投入力度，设立促进民办教育发展专项资金，将支持民办教育发展资金列入年度同级教育财政预算，向社会公开，接受审计和社会监督，鼓励、扶持、促进民办学校内涵式发展和特色创建。试点政府给予资金支持符合条件的非营利性学校的教育教学等设施建设，对于非营利性民办高校给予政策性财政支持倾斜。

（2）税收优惠：对于符合条件的非营利性民办学校，与公办学校享有同等待遇；对于获得非营利组织免税资格的民办学校，符合免税条件的收入免征企业所得税。但是对于营利性与非营利性学校之间,缺乏明确的政策规定。

(3)用地政策:强调非营利性学校与公办高校享受同等政策,按照划拨等方式供应土地。营利性民办学校按照国家相应的政策供给土地,只有一个意向用地者的,可按照协议方式供地。

(4)收费方面:强调逐步扩大民办学校收费自主权。对于非营利性民办学校的收费,主要通过市场化改革试点,逐步稳妥推行市场调节价;对于营利性民办学校的收费,实行市场调节价。

(5)教师待遇:强调教师在资格认定、职务评聘、培养培训、评优表彰、教龄和工龄计算、社会活动等方面与公办学校教师享有同等权利。对于非营利性民办学校教师加强支持,可以享受人才引进政策,但是两类学校的教师退休后的待遇尚不明确。

(6)学生权益:强调学生权益不应该被分类管理,政府应积极加强两类学校学生的公平保障。文件中关于营利性民办高校和非营利性民办高校的学生资助是否按照不同标准分类,应不应该进行分类,没有明确表述。

第三节 上海市非营利性和营利性民办高校管理措施

一、非营利性民办高校管理措施

(1)收益用途:非营利性民办学校举办者不取得办学收益,办学结余全部用于办学。终止时的剩余财产继续用于其他非营利性学校办学。

(2)政府支持:探索试点政府资金支持符合条件的非营利性学校的教育教学等设施建设,鼓励各区设立促进民办教育发展专项资金。

(3)非营利性民办高校示范校建设:按照"公益性强、体制创新、特色明显、质量领先"的原则,在捐资办学或以国资为主出资办学,出资人和举办者不要求取得回报的民办高校中遴选若干所学校,开展非营利性民办高校示范校创建工作。通过示范校创建,引导民办高校走非营利办学道路,坚持民办教育公益性原则;引导民办高校开展创新体制机制改革,充分发挥民办体制机制的优势;引导民办高校努力提升办学质量,努力提高水平,办出特色。

(4)其他重点推进项目。中共上海市教育卫生工作委员会、上海市教育委员会、上海市教育综合改革领导小组办公室印发的《上海市深化民办教育综合改革指导意见》强调要整体推进民办教育综合改革任务,再次指出要推进非营利性民办高校示范校建设,重点推进民办教育基金组织和融资制度建设,支持有条件的民办高校试点建设小规模、高水平学校或应用型特色高职,在全市范围内选择若干民办高校开展现代学校制度建设试点,建立多元化的民办教育和民办学校评价机制。上海民办高校也相应地申报了民办教育综合改革项目(见表7.1)。

表7.1 上海民办高校申报民办教育综合改革项目一览[①]

序号	项目名称	学校
1	非营利民办高校示范校建设试点	上海杉达学院等
2	试点设立并完善教育发展基金会等组织	各民办高校
3	小规模、高水平民办高校建设试点	上海兴伟学院等
4	混合所有制办学体制试点	上海视觉艺术学院、上海思博职业技术学院
5	现代大学制度建设试点	上海杉达学院、上海建桥学院等
6	民办教育第三方评价机制建设试点	各民办高校

开展非营利民办高校示范校建设的指导思想和原则是:按照"秉承公益精神、创新内部治理、特色优先发展、水平整体提升"的原则,坚定不移走非营利办学之路和特色发展之路,深入推进学科支撑、专业龙头的内涵式建设

---

① 上海市民办教育协会.上海市深化民办教育综合改革指导意见[EB/OL].(2016-01-07)[2024-05-18].http://www.shmbjy.org/item-detail.aspx? NewsID=5799.

发展模式，巩固人才培养质量和学校发展特色，整体提升学校的办学体制机制优势和学科专业发展优势。以"继续坚持非营利办学宗旨、创新办学体制机制、探索特色发展模式"为创建目标，主要建设思路是：以坚持非营利办学为出发点，以体制机制的改革创新为切入点，以提高人才培养水平为核心，以促进学校可持续发展为落脚点，聚集并发挥政府、社会等各方资源共建作用。

非营利民办高校示范校的主要建设内容包括内部治理结构和治理能力、办学体制机制创新、教育教学特色发展、创新教师队伍建设与发展机制、探索具有民办特色的创新人才培养模式，其核心是推进内涵式建设。

示范校的建设，对于推动上海市非营利性民办高校的发展具有积极作用。它们不仅为其他民办高校树立了榜样，引领整个行业向着更高、更远的目标迈进，同时也为上海市的教育事业注入了新的活力和动力，推动了教育资源的优化配置和教育质量的全面提升。

二、营利性民办高校管理措施

（1）收益分配：营利性民办学校举办者可以取得办学收益，办学结余依据国家有关规定进行分配。上海市教育委员会制定了《上海市营利性民办高等学校办学结余分配工作管理办法（试行）》，规范了办学结余的分配工作。

（2）财务管理：营利性民办学校需要建立健全财务管理制度，确保财务透明、合规，同时需要接受相关部门的监管和审计。

在财务管理方面，实行"统一领导、集中管理"的财务管理体制。所有银行账户必须集中由学校财务部门统一管理和集中核算。设立符合教育和财政等主管部门要求的财务机构，统一管理财务活动。财务机构负责人的任命、变更等实行教育主管部门的备案许可制度。建立和完善有效的财务监督体系，维护学校正常的经济秩序。制定内部会计控制制度，加强内部会计监督，提高会计信息质量和管理水平。在办学结余分配方面出台了专门规定,强调合法、合规、合理开展办学结余分配工作,确保学校办学稳定和教育秩序正常。依法保障教职工待遇和学生权益,按照规定提取相关费用。

第四节 上海市民办高校分类管理存在的问题

一、民办高校分类尚未完善

分类管理政策的目标不仅仅是分类登记,分类登记只是其中的一个环节,后续的分类扶持、管理才是分类管理政策的主要目标和重中之重。

营利性和非营利性的政策边界尚不够清晰,政策扶持力度明显对非营利性有偏向。上海市分类管理政策实施以后,对非营利性民办高校的概念有了较为明确的定义,在税收优惠、差别化用地、分类收费及师生权益保障等各方面都享受与公办高校同等政策,但对营利性民办高校的概念并未进行清晰定义。

二、营利性认同度不高

按照《民办教育促进法实施条例》中的规定,营利性民办学校仍可以在学校牌匾、成绩单等方面使用法人简称,在实际执行时,招生广告和简章中需要标明营利性,并在学校介绍中标注学校全称。营利性民办学校原有声誉可能会有所下降,认同度会受到较大的影响。

三、资源配置不足

上海市建立了民办教育工作联席会议制度,由市教委牵头管理,但是学校发展主要还是依靠自身,管理工作的复杂性上升,使具体政策执行在分类管理上出现了人力资源、财政资源、信息资源、权威资源等方面的不均衡,导致分类管理受制于这些条件的限制。

上海市设立的多项民办教育专项扶持资金重点用于支持办学不要回报、坚持教育公益性的非营利性民办学校的发展。营利性民办高校不参与分配,专项资金的扶持力度远远比不上非营利性民办高校。

四、执行机构合力不足

民办高校分类管理问题不仅牵涉教育行政主管部门,还涉及人社局、工商局、民政局等执行机构及相应的配套政策,但是各部门之间政策规定不一,协同不够。

五、社会资本的博弈管理

分类管理政策的出台放开了营利限制,营利性民办高校已打上企业的标签,上海市部分营利性高校已经成功上市,高校像企业一样上市,社会资本随即不断涌入,对民办高等教育有一定的冲击。上海市需要在保证政策吸引资本的同时采取有效的执行手段控制、干预资本,以促进两者之间良性合作[①]。

六、社会对民办高校的认可度欠缺

上海市民办高校在经过数十年的办学积淀后,出现了一批顶尖院校和一流院校。根据校友会发布的2021年中国大学排行榜,上海市有7所民办大学进入榜单,其中仅有2所营利性民办高校进入榜单,剩余5所均为非营利性民办高校,可见营利性与非营利性民办高校发展不均衡。且在目前全国已有7所民办高校拥有硕士学位授予权的背景下,上海17所民办高校中没有一所拥有硕士学位授予权。以2021年校友会上海市民办大学排名榜

---

① 符美华.民办教育财政扶持政策研究:基于沪、浙、陕三省市的比较[D].南京:南京师范大学,2020.

单中的第一名上海建桥学院为例,从 2012 年开始,上海建桥学院与东华大学联合培养硕士研究生,但目前仍未取得硕士学位授予权,可见民办高校并未享有与公办高校同等的地位。这也将大大降低社会各界对民办高校的认可度。

第五节　上海市民办高等教育未来展望

党的二十大开启了以中国式现代化全面推进中华民族伟大复兴的新征程,我国已进入创新型国家行列,强化教育、科技、人才"三位一体",要求我们加快改革创新,全面提高人才自主培养质量,着力培养应用创新人才,以高质量发展全面服务支撑中国式现代化。我国已建成世界上最大规模的高等教育体系,高等教育已进入普及化时代,呈现出多样化、个性化、现代化特征。

上海市正在加快建成具有世界影响力的社会主义现代化国际大都市,长三角一体化向纵深推进,五个新城建设加快实施,"四大品牌"持续打响。这就要求民办教育在办学理念、育人目标、专业设置等方面找准发展定位,发挥自身优势,增强各类人力资源供给能力,提高技术技能型人才培养水平,以更好地服务区域经济和社会发展需要,提升对上海城市发展的贡献度。

首先,要进一步引导规范民办高校高质量发展,完善民办高校年检指标及工作要求,进一步规范民办高校校区建设与管理工作,依法依规加强财务行为全流程监管,规范民办高校办学行为。其次,解决民办高校分类管理中出现的问题,着力完善分类管理,重点解决好分类发展政策,使两类民办高校有不同的发展路径及相应的发展空间,并进行相应的扶持,消除关于营利性民办高校的社会偏见,建设出高质量、高水平的民办高校。再次,鼓励民办高校根据国家战略需求和城市发展需要,依法依规设置适合民办学校发

第七章 上海市民办高校分类管理典型案例

展的学科专业,调整民办高校专业设置,优化专业结构,加强民办高校内涵式建设①,建立学科专业评估机制和动态调整机制;支持民办高校参加国家和本市"双高""双一流"建设计划,提升专业建设水平;鼓励民办高校紧扣学校办学优势和人才培养目标设置专业,避免同质化竞争,形成与公办高校融合、错位发展的"学科建设链条""人才培养链条"和"产业支持链条",满足高质量应用型人才的培养需求。最后,要加快提升民办高等学校办学层次,支持民办高校与公办高校合作开展硕士生联合培养,支持部分有基础、有条件的学科开展硕士点培育建设及硕士点申报。

---

① 上海教育.上海市教育委员会关于印发《2024年上海市教育委员会高等教育工作要点》的通知[EB/OL].(2024-04-23)[2024-05-18].https://edu.sh.gov.cn/xxgk2_zdgz_jygzydynb_01/20240507/b30596598c7b444f823255fff7bceb16.html.

参考文献

一、中文参考文献

（一）专著与译著

[1] 奥斯本. 改革政府——企业家精神如何改革政府公共部门[M]. 周敦仁, 译. 上海：上海译文出版社, 2006.

[2] 董圣足, 袁振国. 民办学校分类管理推进策略研究[M]. 上海：华东师范大学出版社, 2019.

[4] 董圣足. 民办学校分类管理配套制度及过渡措施研究[M]. 上海：立信会计出版社, 2022.

[5] 鲁克. 高等教育公司：营利性大学的崛起[M]. 于培文, 译. 北京：北京大学出版社, 2006.

[7] 弗里曼. 战略管理：利益相关者的方法[M]. 王彦华, 梁豪, 译. 上海：上海译文出版社, 2006.

[8] 复旦大学校史编写组. 复旦大学志[M]. 上海：复旦大学出版社, 1985.

[9] 教育部高等教育教学评估中心. 中国民办本科教育质量报告[M]. 北京：教育科学出版社, 2017.

[10] 李虔. 民办高校分类管理政策的可接受性研究[M]. 广州：广东高等教育出版社, 2019.

[11] 瞿延东. 我国民办教育的发展与管理[M]. 北京：中国财政经济出版社, 2002.

[12]唐朱昌.新编公共财政学[M].上海:复旦大学出版社,2004.

[13]徐绪卿.民办院校办学体制与发展政策研究[M].北京:中国社会科学出版社,2018.

[19]杨程.营利抑或非营利:民办高校分类管理的政策与实践[M].北京:北京理工大学出版社,2019.

[20]杜德斯达.21世纪的大学[M].刘彤,译.北京:北京大学出版社,2005.

(二)期刊论文

[1]毕宪顺,张峰,陈甜甜.改革开放以来我国民办高等教育的发展历程、经验及其趋势[J].山东高等教育,2023,11(5):7-14.

[2]别敦荣.论民办教育发展的第三条道路[J].华中师范大学学报(人文社会科学版),2012,51(3):137-142.

[3]别敦荣,石猛.民办高校实施分类管理政策面临的困境及其完善策略[J].高等教育研究,2020,41(3):68-76.

[4]陈放.新政背景下地方民办教育分类管理的困境与突围[J].教育评论,2019(2):55-59.

[5]陈建超.民办高校分类管理的风险防范与监管服务[J].教育评论,2021(8):74-78.

[6]陈静,李璐.分类管理背景下非营利性民办高校的风险管理研究[J].教育探索,2022(8):45-48.

[7]陈文联.举办者视阈下民办高校分类管理制度的调适与创新[J].中国高教研究,2018(5):88-91.

[8]陈文联.公益性的持守:民办高校不容放弃的使命[J].中国高等教育,2010(18):59-60.

[9]董圣足.民办学校分类管理的制度构架:国际比较的视角[J].教育发展研究,2013,33(9):14-20.

[10]董圣足,戚德忠.新政背景下民办学校分类转设的困局与出路——基于浙江温州的实践探索及思考[J].现代教育管理,2020(9):38-45.

[11]董圣足,黄清云.我国民办高校董事会制度的重构——基于45所民办院校的调查分析[J].黄河科技大学学报,2010,12(4):6-11.

[12]董圣足,王慧英.新形势下民办教育宏观治理的完善与创新[J].华东师范大学学报(教育科学版),2024,42(6):102-111.

[13]董婷.我国民办高等教育发展历程回顾及发展趋势展望[J].宿州教育学院学报,2013,16(6):82-83,89.

[14]范绪锋.民办学校分类管理改革难在哪[J].教育发展研究,2015,35(Z1):98-102.

[15]方芳.中国民办高等教育发展之考析[J].中国高等教育,2017(Z1):47-50.

[16]方建锋.民办学校营利性和非营利性分类管理的实证分析[J].教育发展研究,2011,33(24):19-22,35.

[17]费坚,李斯明,魏训鹏.基于复杂性范式的非营利性民办高校风险治理[J].教育发展研究,2018,38(23):23-28,37.

[18]付燕鸿.中国近代高等教育发展的历程及启示[J].考试与招生,2010(3):57-59.

[19]高志宏.民办教育分类管理改革的公益导向及法治保障[J].济南大学学报(社会科学版),2022,32(4):154-163.

[20]巩丽霞.关于民办高校分类管理制度设计的几点思考[J].中国高教研究,2011(9):53-56.

[21]侯红梅,李晋,蔡华建.我国民办高校教师期权激励机制设计——基于利益相关者视域[J].江苏高教,2020(2):85-90.

[22]侯兴蜀.我国高等教育、职业教育与继续教育融合发展实践与推进策略[J].中国职业技术教育,2021(28):19-25.

[23]胡赤弟.高等教育中的利益相关者分析[J].教育研究,2005(3):38-46.

[24]胡卫,董圣足.立足国情正视问题积极稳妥推进民办学校分类管理试点[J].教育发展研究,2011,31(Z2):3.

[25]胡卫,张歆,方建锋.营利非营利分类管理下民办学校税收问题与建议[J].复旦教育论坛,2020,18(4):79-84.

[26]黄洪兰,柳海民.探索营利性与非营利性民办高校分类管理——以吉林华桥外国语学院为例[J].高校教育管理,2018,12(4):81-87.

[27]黄丽."理性经济人"假设:演进与批判[J].佛山科学技术学院学报(社会科学版),2008(2):46-50.

[28]黄崴,李文章.民办高校分类管理改革的"中间路线":基于举办者视角的分析[J].中国高教研究,2017(2):19-23.

[29]黄小灵.我国建设高水平民办高校面临的困境与实践路径探析[J].高等教育研究,2019,40(6):67-72.

[30]蒋馨岚.山东省高等学校分类管理政策研究的理论基础[J].济南大学学报(社会科学版),2013,23(1):20-23.

[31]金银凤,裴育.高等教育考试改革中的利益相关者分析[J].山西财经大学学报(高等教育版),2005(3):49-54.

[32]鞠光宇.民办学校分类管理制度研究[J].中国人民大学教育学刊,2017(3):14-30.

[33]柯佑祥.民办高校的属性识别及其调控机制研究[J].教育研究,2012,33(9):111-118.

[34]李和平,郭婧.争议与化解:利益相关者视野中的民办高校上市融资之路[J].教育理论与实践,2022,42(30):3-8.

[35]黎红艳.上市民办高等教育集团业绩提升的瓶颈与对策[J].浙江树人大学学报(人文社会科学),2020,20(1):20-24.

[36]李曼.制度设计与衔接:现有民办学校分类登记困境破解的关键[J].中国教育学刊,2019(7):8-13.

[37]李名梁.全面风险管理:现代大学管理的必然取向[J].西南交通大学学报(社会科学版)2009,10(4):76-79.

[38]李虔.税收政策与私立高校分类管理:美国经验及其启示[J].国家教育行政学院学报,2015(8):90-95.

[39]李虔.民办学校分类管理推进难点与破解路径[J].四川师范大学学报(社会科学版),2019,46(2):125-132.

[40]李虔,刘亮军.民办高校分类管理的风险识别与防范[J].浙江树人大学学报,2020,20(3):14-19,26.

[41]李维民.陕西民办高校营利性、非营利性选择研究[J].黄河科技大学学报,2018,20(2):1-6.

[42]李维民,银冰冰.新修订的《民办教育促进法》视角下的陕西民办高校分类管理研究[J].法学教育研究,2018,21(2):380-388.

[43]李延保.民办高校如何加强党的领导和建设——兼谈民办高校治理和大学文化建设[J].河北师范大学学报(教育科学版),2024,26(2):1-11.

[44]李钊.论民办高校办学风险防范中的政府责任[J].中南大学学报(社会科学版),2009,15(3):419-424.

[45]刘建银.公共财政支持民办学校的政策体系:基于分类管理视角的分析[J].教育科学,2011,27(6):1-7.

[46]刘亮军,王一涛.民办高校举办者变更:诱因、影响及规制[J].江苏高教,2021(2):71-77.

[47]潘懋元.对接资本市场——在民办高等教育与资本市场高级论坛上的发言[J].教育发展研究,2004(3):15-16.

[48]潘懋元,别敦荣,石猛.论民办高校的公益性与营利性[J].教育研究,2013,34(3):25-34.

[49]潘奇,董圣足.VIE架构在教育领域的应用、问题及其对策[J].教育发展研究,2018,38(5):17-22,74.

[50]阙明坤,费坚,王慧英.改革开放四十年民办高等教育发展回顾、经验与前瞻[J].高校教育管理,2019,13(1):11-18,35.

[51]饶爱京.民办高等教育政策及其对民办高等教育发展的影响[J].黑龙江高教研究,2006(9):1-5.

[52]任红.民办学校办学风险及其防范[J].辽宁教育研究,2008(2):88-90.

[53]阮慷,陈武元.我国民办高等教育发展成就、问题与展望——《国家中长期教育改革和发展规划纲要(2010—2020年)》实施效果分析[J].中国高等教育评论,2022(1):141-157.

[54]沈剑光,钟海.民办学校法人财产权与民办教育分类管理[J].教育研究,2011,32(12):37-40.

[55]石邦宏,王孙禹.民办高校营利性与非营利性的制度思考[J].中国高教研究,2009(3):55-57.

[56]史雯婷.民办高校办学风险及其监管体系建构[J].教育发展研究,2008(24):44-48.

[57]陶芳铭.分类管理背景下的民办高校治理机制研究[J].黄河科技学院学报,2020,22(6):1-5.

[58]王慧英,黄元维.地方民办教育分类管理新政:现状、难点议题与治理策略——基于25个省(自治区、直辖市)民办教育新政实施意见的文本分析[J].现代教育管理,2019(3):56-61.

[59]汪竣.民办高校风险防范基础理论研究[J].职业教育(中旬刊)2016(1):3-5.

[60]王帅,吴霓,郑程月.民办教育分类管理的推进概况、突出问题与对策建议——基于对国家和地方29省相关政策的文本分析[J].当代教育论坛,2019(6):55-65.

[61]王文源.深水区教育改革背景下的民办教育顶层制度设计[J].北京师范大学学报(社会科学版),2014(4):5-10.

[62]王孝武,王雅婷.新时期我国民办高等教育高质量发展的现实困境与路径探析[J].中国电化教育,2022(9):84-89.

[63]王义宁.制约民办教育发展的主要问题及对策研究[J].教育导刊,2013(6):25-28.

[64]王一涛.论我国民办高校的公益性[J].教育发展研究,2010,30(18):6-10.

[65]王一涛.我国民办高校创办者群体特征及其政策启示[J].高等教育研究,2014,35(10):56-62.

[66]王一涛,刘继安.中国民办高校董事会规范结构和行为结构偏差的实证分析[J].复旦教育论坛,2015,13(4):75-81.

[67]王一涛,刘继安,王元.我国民办高校董事会实际运行及优化路径研究[J].教育研究,2015,36(10):30-36.

[68]王一涛.高质量发展背景下我国民办高校分类管理的困境与突破——基于举办者的视角[J].现代教育管理,2023(11):53-62.

[69]邬大光.民办高等教育与资本市场的联姻——国际经验与我国的道路选择[J].教育研究,2003(12):3-8.

[70]邬大光.我国民办教育的特殊性与基本特征[J].教育研究,2007(1):3-8.

[71]吴华,王习.营利性民办学校应该享受税收优惠[J].中国教育学刊,2017(3):14-18.

[72]肖俊茹,王一涛,石猛.民办高校办学风险的根源探析及防范对策——基于32所民办高校办学风险的案例[J].中国成人教育,2017(15):52-57.

[73]徐绪卿.关于民办高校分类管理的思考[J].教育发展研究,2011,31(12):1-5.

[75]徐绪卿.世界私立大学办学体制及其演变:经验与启示[J].浙江树人大学学报,2017,17(1):1-8.

[76]徐绪卿,周朝成.制度变迁与民办高校的风险治理研究[J].浙江树人大学学报,2023,23(1):1-8,18.

[77]徐绪卿,韩晓敏.民办高等教育政策执行阻滞研究[J].浙江树人学院学报,2024,24(1):1-9.

[78]阎凤桥,林静.商业性的市民社会:一种阐释中国民办高等教育特征的视角[J].教育研究,2012,33(4):57-63,91.

[79]阎凤桥.民办教育政策推进为何缓慢?——基于组织行为决策视角的考察[J].华东师范大学学报(教育科学版),2017,35(6):11-17,152.

[80]阎凤桥.民办高等教育的"利己"与"利他"[J].浙江树人大学学报,2021,21(3):8-10.

[81]杨彬权,宋世娟.民办高校退出法律机制研究[J].黑龙江高教研究,2021,39(11):90-95.

[82]杨程.民办学校分类管理"同等法律地位"与"差别化扶持"政策研究[J].教育科学研究,2019(10):21-26.

[83]杨程.民办高校分类管理研究演进路径、不足与展望——基于学术史的考察[J].国家教育行政学院学报,2023(1):49-56.

[84]杨程.民办高校分类管理的发展态势、现实困境及推进策略[J].中国高教研究,2023(5):55-62.

[85]杨刚要,阙明坤.新发展格局下民办高校高质量发展的目标定位与实现路径[J].教育与职业,2021(19):83-88.

[86]杨莉.浅议分类管理后四川省民办高校的扶持政策构建[J].四川行政学院学报,2018(1):41-45.

[87]杨卫安.教育公益性的持守与营利性教育的界限[J].教育理论与实践,2008(1):20-23.

[88]杨炜长.利益相关者视角下民办高校办学风险的防范[J].高等教育研究,2012,33(9):52-57.

[89]杨银付.深化教育领域综合改革的若干思考[J].教育研究,2014,35(1):4-19.

[90]余中根.广东省民办高校分类管理政策发展历程与优化策略[J].浙江树人大学学报,2023,23(3):19-27.

[91]袁青山.美国私立营利性和非营利性大学的分类管理和启示[J].现代教育科学,2011(9):137-141.

[92]张卫军.民办教育分类管理的现实诉求与实现路径[J].中国成人教育,2017(6):37-40.

[93]赵奇,朱振林.立足三个维度凸显民办高校公益性[J].中国高等教育,2013(17):55-56.

[94]赵应生,钟秉林,洪煜.积极稳妥地推进民办教育分类管理——我国民办高等教育改革与发展探析(三)[J].中国高等教育,2011(10):20-23.

[95]钟秉林,周海涛,景安磊,等.民办高校集团化办学的发展态势、利弊分析及治理路径[J].中国高教研究,2020(2):29-32,39.

[96]钟秉林,景安磊.独立学院转设现状分析与转设后可持续发展路径探析[J].中国高教研究,2021(4):14-19.

[97]中华人民共和国各大城市公私立学校学生人数统计表[J].人民教育,1950(2):18.

[98]周朝成.促进民办教育的可持续发展——谈《民办教育促进法》修订中的分类管理问题[J].复旦教育论坛,2016,14(3):60-65.

[99]周朝成,韩晓敏.民办高校上市融资行为的理性分析[J].浙江树人大学学报,2022,22(6):20-26,83.

[100]周海涛.民办学校分类管理改革如何推[J].教育发展研究,2015,35(Z1):108-112.

[101]周海涛,施文妹.完善民办高校法人治理结构的难题与策略[J].江苏高教,2015(4):13-16,95.

[102]周海涛,张墨涵.如何突破民办高校筹资的困境[J].国家教育行政学院学报,2015(2):3-8.

[103]周海涛,郑淑超,景安磊.民办高校上市的历程、影响及对策[J].中国高教研究,2021(7):70-76.

[104]宗艳霞,王世涛.民办高校分类管理制度创新思考——兼论陕西省政府《关于进一步支持和规范民办高等教育发展的意见》的不足与完善[J].河北法学,2014,32(5):97-103.

（三）学位论文

[1]符美华.民办教育财政扶持政策研究[D].南京:南京师范大学,2020.

[2]黎小明.挑战民办教育非营利性[D].上海:上海师范大学,2004.

[3]刘铁.中国高等教育办学体制研究[D].厦门:厦门大学,2003.

[4]刘学民.分类管理背景下我国营利性民办高校的风险防控研究[D].北京:中国社会科学院研究生院,2020.

[5]罗腊梅.民办高等教育政策变迁研究[D].重庆:西南大学,2015.

[6]王邦永.营利性民办高校法人治理研究[D].上海:华东师范大学,2022.

[7]吴傲阳.上海市民办高校分类管理政策执行问题研究[D].上海:华东师范大学,2023.

[8]杨红霞.营利性高等学校研究[D].上海:华东师范大学,2006.

（四）报纸杂志

[1]黄新茂.解读浙江省民办教育新政的若干亮点[N].浙江教育报,2013-11-27(2).

[2]樊未晨.管理缺位与越位捆住民办教育手脚[N].中国青年报,2004-08-24(6).

（五）电子资源

[1]陈彬.民办高校该如何"分类管理"[EB/OL].(2015-04-23)[2024-06-03].https://news.sciencenet.cn/sbhtmlnews/2015/4/299321.shtm?id=299321.

[2]21世纪经济报道.民办高校上市图谱:20余家高教集团上市,教育资本化需防控风险[EB/OL].(2021-10-21)[2024-05-29].https://baijiahao.

baidu.com/s? id=1714218604737589273&wfr=spider&for=pc.

[3] 广东省人民政府网.中央人民政府教育部颁布《私立高等学校管理暂行办法》[EB/OL].(1950-12-31)[2024-03-18].https://www.gd.gov.cn/zwgk/gongbao/1950/4/content/post_3352070.html.

[4] 民办高等教育.中国大百科全书[EB/OL].(2022-01-20)[2024-05-30].https://www.zgbk.com/ecph/words? SiteID=1&ID=219952.

[5] 启迪财经说.民办高校上市：从政策利好到教育资本化的风险与机遇[EB/OL].(2023-10-25)[2024-05-15].https://baijiahao.baidu.com/s?id=1780708270376902424&wfr=spider&for=pc.

[6] 泉州市人力资源和社会保障局.泉州市非营利性民办高校教师报备员额管理办法（试行）[EB/OL].(2023-10-05)[2024-05-21].https://rsj.quanzhou.gov.cn/zwgk/zxdt/tzgg/202310/t20231012_2951091.htm.

[7] 陕西省人民政府.关于进一步支持和规范民办高等教育发展的意见[EB/OL].(2012-01-16)[2024-05-16].http://www.shaanxi.gov.cn/zfxxgk/fdzdgknr/zcwj/nszfwj/szf/202208/t20220808_2237810_wap.html.

[8] 上海教育.上海市教育委员会关于印发《2024年上海市教育委员会高等教育工作要点》的通知[EB/OL].(2024-04-23)[2024-05-18].https://edu.sh.gov.cn/xxgk2_zdgz_jygzydynb_01/20240507/b30596598c7b444f823255fff7bceb16.html.

[9] 上海民办教育.上海市民办教育发展"十四五"规划[EB/OL].(2022-05-05)[2024-05-18].https://edu.sh.gov.cn/mbjy_fgwx_mbjy/20220729/df1bc9d7facb42fda7670c586484722b.html.

[10] 上海市民办教育协会.上海市深化民办教育综合改革指导意见[EB/OL].(2016-01-07)[2024-05-18].http://www.shmbjy.org/item-detail.aspx? NewsID=5799.

[11] 上海市人民政府.关于印发《上海市民办学校分类许可登记管理办法》

的通知[EB/OL].(2017-12-26)[2024-05-16].https://www.shanghai.gov.cn/nw41430/20200823/0001-41430_54536.html.

[12]上海市人民政府.上海市人民政府关于促进民办教育健康发展的实施意见[EB/OL].(2017-12-27)[2024-05-18].https://www.shanghai.gov.cn/nw42929/20200823/0001-42929_54888.html.

[13]克莱恩.一年赚19亿,民办大学是怎么做到的?[EB/OL].(2023-04-22)[2024-05-02].https://www.sohu.com/a/669200407_121706063.

[14]王健.分类管理制度下民办学校税收政策的完善[EB/OL].(2017-01-18)[2024-05-21].http://www.shmbjy.org/item-detail.aspx?NewsID=7040.

[15]吴华.新《民办教育促进法》即将实施,民办教育何去何从?[EB/OL].(2017-08-07)[2024-05-02].http://www.shmbjy.org/item-detail.aspx?newsid=7778.

[16]粟裕.教育部:不能把教育作为资本运作的工具更不能让资本在教育领域无序扩张[EB/OL].(2021-05-18)[2024-05-10].https://finance.sina.com.cn/china/gncj/2021-05-18/doc-ikmyaawc5908623.shtml.

[17]新浪网.宇华教育上市20个月:市值增长81%实控人年薪飙增80倍[EB/OL].(2018-09-18)[2024-05-02].https://cj.sina.com.cn/articles/view/1068891872/3fb5fee001900blp4.

[18]新浪网.长沙民办高校"天价税案"引争议[EB/OL].(2023-06-26)[2024-05-30].https://k.sina.com.cn/article_7822605394_1d2437c5202001b1ua.html.

[19]佘宇,葛延风,阙明坤,等.民办高校如何走出"营利与非营利"选择困境[EB/OL].(2021-02-20)[2024-06-03].https://sutt.suda.edu.cn/08/51/c23313a460881/page.psp.

[20]浙江省人民政府.关于促进民办教育健康发展的意见[EB/OL].(2013-09-09)[2024-05-19].https://www.zj.gov.cn/art/2013/9/9/art_

1229621583_64236.html.

[21] 中国教育学会.中共中央 国务院关于深化教育改革,全面推进素质教育的决定[EB/OL].(2018-09-08)[2024-03-16].https://www.cse.edu.cn/index/detail.html? category=129&id=2281.

[22] 中国人大网.中华人民共和国民办教育促进法[EB/OL].(2013-10-22)[2024-04-16].http://www.npc.gov.cn/npc/c1772/c21116/c21297/c21305/201905/t20190521_179831.html.

[23] 中国人大网.中华人民共和国担保法[EB/OL].(2016-07-01)[2024-04-16].http://www.npc.gov.cn/zgrdw/npc/lfzt/rlyw/2016-07/01/content_1992740.htm.

[24] 中国人大网.中华人民共和国企业所得税法[EB/OL].(2018-12-29)[2024-05-20].http://www.npc.gov.cn/zgrdw/npc/xinwen/2019-01/07/content_2070260.htm.

[25] 中国政府网.中华人民共和国教育法[EB/OL].(1995-03-18)[2024-05-01].https://www.gov.cn/banshi/2005-05/25/content_918.htm.

[26] 中国政府网.中华人民共和国民办教育促进法实施条例[EB/OL].(2005-05-23)[2024-04-18].https://www.gov.cn/zwgk/2005-05/23/content_200.htm.

[27] 中国政府网.国家中长期教育改革和发展规划纲要(2010—2020年)[EB/OL].(2010-07-29)[2024-05-02].https://www.gov.cn/jrzg/2010-07/29/content_1667143.htm.

[28] 中国政府网.教育部召开促进民办教育发展座谈会鲁昕出席[EB/OL].(2013-11-12)[2024-05-11].https://www.gov.cn/gzdt/2013-11/22/content_2532916.htm.

[29] 中国政府网.全国人民代表大会常务委员会关于修改《中华人民共和国民办教育促进法》的决定[EB/OL].(2016-11-07)[2024-05-11].https://

www.gov.cn/xinwen/2016-11/07/content_5129792.htm.

[30] 中国政府网. 教育部人力资源社会保障部民政部中央编办工商总局关于印发《民办学校分类登记实施细则》的通知[EB/OL]. (2016-12-30)[2024-05-15]. https://www.gov.cn/gongbao/content/2017/content_5213203.htm.

[31] 中国政府网. 教育部人力资源社会保障部工商总局关于印发《营利性民办学校监督管理实施细则》的通知[EB/OL]. (2016-12-30)[2024-05-30]. https://www.gov.cn/gongbao/content/2017/content_5216442.htm.

[32] 中国政府网. 中华人民共和国中外合作办学条例[EB/OL]. (2019-03-02)[2024-04-15]. https://www.gov.cn/gongbao/content/2019/content_5468875.htm.

[33] 中国政府网. 支持教育事业发展税费优惠政策指引[EB/OL]. (2023-06-30)[2024-05-20]. https://www.gov.cn/zhengce/202307/P020230703502418087654.pdf.

[34] 中华人民共和国国家发展和改革委员会. 外商投资产业指导目录(2015年修订)[EB/OL]. (2015-03-10)[2024-04-18]. https://www.ndrc.gov.cn/xxgk/zcfb/fzggwl/201503/t20150313_960793.html.

[35] 中华人民共和国教育部. 教育部关于印发《关于规范并加强普通高校以新的机制和模式试办独立学院管理的若干意见》的通知[EB/OL]. (2003-04-23)[2024-04-27]. http://www.moe.gov.cn/s78/A03/s7050/201206/t20120628_138410.html.

[36] 中华人民共和国教育部. 关于鼓励和引导民间资金进入教育领域促进民办教育健康发展的实施意见[EB/OL]. (2012-06-18)[2024-04-18]. http://www.moe.gov.cn/srcsite/A03/s7050/201206/t20120618_138412.html.

[37] 中华人民共和国教育部. 2011年教育统计数据[EB/OL]. (2013-05-29)[2024-04-12]. http://www.moe.gov.cn/jyb_sjzl/moe_560/s7382/.

[38]中华人民共和国教育部.全国高等学校名单[EB/OL].(2023-06-19)[2024-04-18].http://www.moe.gov.cn/jyb_xxgk/s5743/s5744/A03/202306/t20230619_1064976.html.

[39]中华人民共和国教育部.2022年教育统计数据[EB/OL].(2023-12-29)[2024-04-12].http://www.moe.gov.cn/jyb_sjzl/moe_560/2022.

[40]中华人民共和国教育部.2022年教育统计数据:各级各类民办学校校数、教职工、专任教师情况[EB/OL].(2023-12-29)[2024-02-12].http://www.moe.gov.cn/jyb_sjzl/moe_560/2022/quanguo/202401/t20240110_1099540.html.

[41]中华人民共和国商务部.关于外国投资者并购境内企业的规定[EB/OL].(2006-08-08)[2024-04-18].http://www.mofcom.gov.cn/aarticle/b/c/200608/20060802839585.html.

[42]中新网.教育部解读民办教育促进法实施条例修订:办学需以公益性为初衷[EB/OL].(2021-05-17)[2024-05-11].http://www.moe.gov.cn/fbh/live/2021/53439/mtbd/202105/t20210518_532010.html.

二、英文文献

（一）专著

[1]Newman F, Couturier L, Scurry J. The Future of Higher Education: Rhetoric, Reality, and the Risks of the Market[M]. San Francisco: Jossey-Bass, 2004.

[2]Kinser K, Levy D C. For-Profit Higher Education: U.S. Tendencies, International Echoes [M]. Dordrecht: Springer, 2007:107-119.

[3]Slaughter S, Rhoades G. Academic Capitalism and the New Economy [M]. Baltimore: The John sHopkins University Press, 2004.

参考文献

（二）期刊论文

[1] Brewer A & Walker I Ann B, Ian W. Risk management in a university environment[J]. Journal of Business Continaity & Emergency Planning, 2011,5(2):161-72.

[2] Freeman R E. R. Edward Freeman's Selected Works on Stakeholder Theory and Bussines Ethics[M]. Switzerland: Springer Cham, 2023.

[3] Frederick W C. The moral authority of transnational corporate codes [J]. Journal of Business Ethics,1991,10(3):165-177.

[4] Hansmann H. Reforming nonprofit corporation Law[J]. University of Pennsylvania Law Review,1981,129(3):497.

[5] Herzlinger R E, Jones F. Pricing public sector services: The tuition gap [J]. Policy Sciences,1981,13(4):419-438.

[6] Joshi D, Patel V G. A Conceptual model for governance of private universities as social enterprises[J]. International Journal of Management, 2016,7(7):98-113.

[7] Laband D, Lentz B F. Do costs differ between for-profit and not-for-profit producers of higher education [J]. Research in Higher Education, 2004,45(4):429-434.

[8] Preston A E. Efficiency, quality, and social externalities in the provision of day care: Comparisons of nonprofit and for-profit firms [J]. Journal of Productivity Analysis,1993,4(1):165-182.

[9] Samuelson P A. The Pure Theory of Public Expenditure[J]. The Review of Economics and Statistics,1954,36(4):387-389.

[10] Sanyal B C, Johnstone D B. International trends in the public and private financing of higher education [J]. Prospects,2011,41(1):157-175.

[11] Willett, A H. The Economic Theory of Risk and Insurance[M]. New York: The Columbia University Press,1901.